슈퍼스타

슈퍼스타

2011년 4월 28일 교회 인가
2011년 12월 1일 초판 1쇄 펴냄

지은이 · 문화 예술인 14인
펴낸이 · 정진석
펴낸곳 · 가톨릭출판사
편집 겸 인쇄인 · 홍성학
디자인 자문 · 김복태, 류재수, 이창우, 황순선
편집장 · 송향숙 편집 · 전혜선, 김소정, 채지영
표지 디자인 · 이창우 내지 디자인 · 김지혜

본사 · 서울특별시 중구 중림로 27
지사 · 경기도 파주시 조리읍 당재봉로 56번지 프린팅파크 內
등록 · 1958. 1. 16. 제2-314호
전자우편 · edit@catholicbook.kr
전화 · 1544-1886(대) / 070-8233-8221(영업국)
지로번호 · 3000997

ISBN 978-89-321-1247-3 03810

값 10,000원

© 천주교 서울대교구 문화홍보국, 2011

인터넷 가톨릭서점 http://www.catholicbook.kr
직영 매장: 명동대성당 (02)776-3601, 3602/ FAX (02)776-1019
         가톨릭회관 (02)777-2521/ FAX (02)777-2520
         서초동성당 070-8234-1880
         서울성모병원 (02)2258-6439, 070-7757-1886/ FAX (02)392-9252
         분당요한성당 (031)707-4106
         절두산 (02)3141-1886/ FAX (02)3141-1886
         미주지사 (323)734-3383/ FAX (323)734-3380

가톨릭의 모든 도서와 성물을 '인터넷 가톨릭서점'에서 만나 보실 수 있습니다.

이 도서의 국립중앙도서관 출판시도서목록(CIP)은 e-CIP 홈페이지(http://www.nl.go.kr/ecip)에서 이용하실 수 있습니다. (CIP제어번호: CIP2011004444)

성경 © 한국천주교중앙협의회 2005

이 책은 저작권법에 의해 보호를 받는 저작물이므로 무단 전재와 무단 복제를 금합니다.

고통과 아픔을 기도로 극복한
문화 예술인의 이야기

문화 예술인 14인 지음

가톨릭출판사

축하의 말씀

문화 예술인들에게
은총이 내리기를 바라며

정진석 추기경

"얼마나 아름다운가, 산 위에 서서 기쁜 소식을 전하는 이의 저 발! 평화를 선포하고 기쁜 소식을 전하며 구원을 선포하는구나."(이사 52,7)

그동안 〈서울주보〉 '말씀의 이삭'을 통해, 다방면에서 활동하고 있는 우리 가톨릭 문화 예술인들의 글을 잘 보았습니다. 이들의 글에는 화려한 무대와 조명이 가득한 곳에서는 결코 볼 수 없는 깊은 속내와 진솔한 신앙 고백이 담겨 있었습니다. 그래서 이들의 글을 보면서 때로는 코끝이 찡한 감동이 밀려왔고, 때로는 저절로 입가에 미소가 지어지는 유머와 재치를 느낄 수 있었습니다.

늘 대중의 시선을 한 몸에 받고 있는 문화 예술인들에게 가장 힘든 일이 무엇일까를 생각해 보았습니다. 그것은 아마도 자신의 사생활이 없다는 것과 자신의 인기에 대한 두려움이 아닐까 짐작됩니다. 자신의 일거수일투족이 늘 관심의 대상이 된다는 것은 점점 더 자신의 삶이 없어지는 괴로운 일입니다. 반면에 이러한 관심에서 멀어지는 것 또한 견딜 수 없는 일이 됩니다. 사생활이 없는 삶과 대중의 인기를 받는다는 것은 불가분의 관계입니다. 그래서 문화 예술인의 삶은 참으로 외롭고 험난한 길입니다.

가톨릭 문화 예술인들의 〈서울주보〉 '말씀의 이삭'을 엮어 만든 《슈퍼스타》가 문화 예술인들의 숨통을 틔워 주고, 삶의 지표가 되어 주기를 기대합니다. 또한 《슈퍼스타》를 읽는 많은 분들에게는 문화 예술인을 이해하는 계기가 되고, 그들이 전하는 하느님 사랑을 듬뿍 받아 보실 수 있기를 바랍니다.

마지막으로, 《슈퍼스타》에 함께해 주신 "강인봉 베네딕토, 김도균(바비 킴) 안토니오, 김동욱(JK김동욱) 세례자 요한, 김지영 마리아 막달레나, 노영심 마리보나, 류시현 데레사, 양영은 아녜스, 이동우 마르코, 이상용 헨리코, 이인혜 데레사, 최성희(바다) 비비안나, 최유라 안나, 최정원 다리아, 황정민 아녜스"에게 감사와 축하의 인사를 전합니다. 동참해 주신 열네 분의 문화 예술인들에게 하느님의 은총이 충만하게 내리시기를 기도합니다.

천주교 서울대교구장
정진석 추기경

엮은이의 말씀

《슈퍼스타》를 펴내며

허영엽 신부

〈서울주보〉는 매주 23만 5천 부가 발행되는 열독률이 높은 매체입니다. 그래서 〈서울주보〉에 대한 신자들의 반응은 즉각적이기도 합니다. 이 지면을 빌려 많은 분들이 보내 주신 관심과 사랑, 격려에 감사의 인사를 올립니다.

〈서울주보〉에 연재되고 있는 이야기 중 특히 많은 분들이 즐겨 읽는 코너는 '말씀의 이삭'입니다. 가톨릭 문화 예술인들이 〈서울주보〉 '말씀의 이삭'에 나누어 준 삶의 흔적을 책으로 엮게 된 것을 기쁘게 생각합니다. 아울러 책을 엮는 데 기꺼이 협조해 주신 열네 분의 문화 예술인들에게 진심으로 감사드립니다. 이 책의 수익금 전액은 김수환 추기경님의 유지를 받들어 만든 '바보의 나눔' 재단에 기부될 것입니다.

처음 '말씀의 이삭'에 가톨릭 문화 예술인들의 글을 싣고자 했을 때 주변의 우려가 있었습니다. 하지만 이러한 우려와는 달리 '말씀의 이삭'은 폭발적인 반응을 얻었습니다. 우리들에게 멀리 있을 것만 같았던 이들이 자신들의 소박하면서도 솔직한 마음을 나누어 주었기 때문이라 생각합니다.

별은 어둠 속에서 더욱 진가를 발휘합니다. 가톨릭 문화 예술인들의 이 글에는 외롭고, 힘들고, 어려운 일이 닥쳤을 때 하느님과 함께한다는 믿음으로 참고 견디며 극복한 이야기가 담겨 있습니다. 우리는 이러한 이야기에서 어둠 속 별의 진가를 발견할 수 있었습니다.

성경의 탈렌트 비유(마태 35,14-30 참조)에서와 같이 주님은 좋은 탈렌트를 이분들에게 주셨습니다. 사실 우리가 가진 것 중에서 하느님으로부터 받지 않은 것은 하나도 없습니다. 하느님께서 주신 여러 가지 은혜, 탈렌트를 잘 사용하여 하느님께 영광을 드리고 있는 가톨릭 문화 예술인들에게 하느님의 은총이 늘 함께하시기를 기도드립니다.

이 책에 등장하는 가톨릭 문화 예술인들의 나눔이 우리들에게도 위로와 희망이 되었으면 합니다.

서울대교구 문화홍보국장
허영엽 신부

추천의 말씀

우리네
형제자매들의 이야기

신달자 시인

연예인이란 말은 눈부시다. 눈부시므로 너무 화려하다. 화려하므로 조금은 진실이 의심될 때도 있다. 그들은 다르다고 생각한다. 보통 사람들과 다른 세계에서 특별한 삶을 살고 있는 것으로 보인다. 그 특별함은 보통과 너무 다르게 선택받은 삶을 살아가고 있는 듯 보인다. 그래서 사람들은 그들의 행동이 대중 앞에 보이는 연기로 만든 것처럼 느껴지는 것이다. 그들의 미소, 그들의 친절까지 그렇다.

그러나 진정한 내면이 들여다보이는 신앙의 마음만은 한 가닥 의심 없이 가슴에 스며온다는 것을 글을 통해 알게 된다. 그들도 보통 사람과 같다는 것을, 그들도 괴롭다는 것을 알게 된다.

자신의 순연한 내면의 목마름과 환희, 하느님과의 소통 안에서 이루어지는 모든 기적적인 변화 안에서 우리는 모두 약하고 상처받고 외로워하는 인간으로 겸허히 무릎 꿇게 된다.

이 글에서는 바로 그 진실이 투명하게 빛난다. 그래서 연예인이라는 눈부신 빛 속에서 하느님 앞에 누구나 아프고 외롭고 도움이 필요한 사람이라는 것을, 그들도 위로받고 싶은 나약한 존재들이라는 것을 알게 된다.

우리와 같은 작은 형제자매들로 만나게 되는 것이다.

마치 손잡은 것같이 포옹한 것같이 다정한 마음의 전율을 느끼게 된다. 그래서 우리는 이 글 안에서 오랫동안 서로 마음을 열고 이야기한 듯 따뜻함을 느끼며 가까워지는 것이다.

신달자 시인

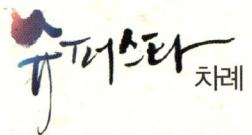 차례

축하의 말씀 4
엮은이의 말씀 7
추천의 말씀 10

이상용 헨리코

냅둬유! 18
편하게 삽시다 22
즐거운 고통 26
가장 위대한 동물 30

최정원 다리아

수중 분만 36
못 잊어 39
어릴 적 꿈 43
엄마인지 딸인지 47
내 생애 가장 아름다운 여행 50

최성희 (바다) 비비안나

가족과 나	57
〈Dreams Come True〉 꿈은 이루어진다	61
아제르바이잔, 주님의 초대	64
당신의 도구로 써 주세요!	68

이동우 마르코

낮은 곳에서 낮은 자세로 살게 하소서	74
희망의 진행 속도가 더 빠릅니다	78
건강한 기도는 건강한 몸에서 나옵니다	81

김지영 마리아 막달레나

하느님, 왜요?	88
나의 어머니, 나의 아버지	92
아! 정말 하느님이 계시는구나	95
하느님 사랑합니다	99

김도균 (베베 킴) 안토니오

나는 왜 남들과 다를까?	107
음악은 나의 소명	111
하느님의 천사	117
저마다의 상처를 가진 아픈 이들을 낫게 하신다	122

이안혜 데레사

채워 주시는 예수님 … 128
하느님과의 만남 … 133
예수님과의 일대일 면담 … 138

강인봉 베네딕토

재기에 성공하는 사람들 … 144
슈퍼스타 … 148
도와주기 … 151
어린이처럼 … 155

류시현 데레사

하느님, 고맙습니다 … 161
가장 소중한 선물 … 165
결혼을 준비하는 분들에게 … 170

최유라 안나

하느님의 깊은 뜻 … 176
늘 사연 속에 계시는 하느님 … 179
나에게 신앙은 … 182

황정민 아녜스

- 강력한 신호를 보내 주십시오! 189
- 성호 긋기 193
- 경청해 주기를 바라는 마음 197
- 존중받고 싶은 마음 202

김동욱 (JK 김동욱) 세례자 요한

- 캐나다 이민 생활 209
- 음악인의 길을 선택하다 213
- 배려하는 따뜻한 마음 219
- 행복한 삶을 위하여 224

양영은 아녜스

- 감사하는 마음 232
- 어린아이 같은 순수한 믿음 237
- 거위의 꿈, 그리고 미운 오리 새끼 241
- 시련을 통해 가까이 오게 하시는 분 244
- 아버지를 위한 기도 249

노영심 마리보나

- 일 년 전 나는 254
- 이해인 수녀님께 보내는 겨울 편지 257
- 꿈을 드립니다 261

이상용 헨리코
생년월일: 1944년 4월 2일
직업: 방송인
주요 활동: 성당 건립 바자회 진행 등 전국 교회의 여러 행사에서 봉사 활동 中
국민훈장 동백장(1987), MBC 〈우정의 무대〉(1989~1996), 〈늘 푸른 인생〉(2008~현재) 등 진행

냅뒤유!

재미있는 이야기 몇 편을 소개하겠습니다.

첫 번째 이야기

어느 시골 본당의 미사 시간. 신부님 강론 중에 한 젊은이가 졸고 있었습니다. 신부님께서 "할머니, 옆에서 조는 학생 좀 깨워 주세요." 하고 부탁하자 할머니께서는 "신부님이 재워 놓고 나보고 깨우래……. 재운 사람이 와서 깨워요."라고 말했답니다.

신부님~ 틀에 박힌 강론보다는 재미있고 잊지 못할 강론 부탁드립니다.

두 번째 이야기

"주님, 로또 복권에 당첨되게 해 주시면 당첨금의 반을 봉헌하겠습니다." 그런데 서너 번 샀는데도 자꾸 꽝이니까 "주님, 너무해요. 앞으로 성당 안 나올 거예요!"라고 말했습니다. 그러자 주님께서 "야! 이 녀석아, 살 때 내 것도 몇 장 사면 어디 덧나느냐?" 하시더랍니다.

기도도 기도 나름이지요. 진짜 믿음이란 무조건 믿는 것입니다. 자신의 이익대로만 믿으려 하면 오히려 손해 봅니다.

세 번째 이야기

교우 중 가끔 실리를 따지는 분들도 있습니다. 한 신부님이 어느 시골 성당에 처음 가면서 성당 위치를 몰라 논에서 일하는 노인에게 물었습니다.

"할아버지, 성당 가려면 어디로 가야 하는지 아세요?"

"네. 쭉 가서 우측으로 가면 나와요."

"감사합니다. 저녁때 성당에 나오세요. 천당 가는 길 가르쳐 드릴게요."

"에이, 안 가요. 성당 가는 길도 모르는 양반이 천당 가는 길을 알 리가 있나……."

천당 가려고 작정하고 기도하면 조건부 천당이고, 열심히 기도하다 보면 그곳이 천당이지요. 여러분, 기도는 선택이 아니라 필수입니다.

네 번째 이야기

어느 교우가 부인에게 "나랑 결혼하기 전에 30번이나 선을 봤다면서 날 선택한 이유가 뭐야?" 하고 묻자, 아내가 말했습니다. "30명 중에 나랑 결혼하겠다는 남자가 자기 하나뿐이었걸랑~."

우리가 성당을 선택한 게 아니라 하늘로부터 선택받았다고 생각하면 더욱 신심이 생기고 하느님께 매달리게 됩니다.

다섯 번째 이야기

성당에 너무 가기 싫어하는 남편이 성당에 다녀오더니 갑자기 아내에게 너무 잘하고 극진히 대우까지 했답니다. 자매님이 너무 감격해서 신부님께 말했습니다.

"이게 웬일이에요? 남편이 성당에 갔다 오더니 많이 달라졌어요. 무슨 강론을 하셨기에…….”

"음, 오늘 성경 구절이 '원수를 사랑하라.'였는데요."

여러분, 남이 날 흠집 내고 흉보고 그래도 냅둬유! 허다 말 것지유! 조금 즐거우셨지유? 그럼 됐시유!

2009년 6월 7일

편하게 삽시다

저는 항상 주변을 살피고 배울 것이 있나 찾아봅니다. 그러면 항상 배울 것을 많이 발견하지요. 가끔은 애들한테도 배울 게 많답니다. 요즘 유괴범이 "얘야, 천 원 줄게 따라오렴!" 하면 아이는 "아저씨, 제가 만 원 주면 파출소 갈래요?" 한답니다. 타산지석他山之石이라 했나요? 잘 살펴보면 도둑님(?)한테도 배울 게 있답니다.

① 밤새워 일한다. 남이 잘 때도 일한다.
② 오늘 할 일을 내일로 미루지 않고, 내 일을 남에게 미루지 않는다.

③ 동업하지 않고 혼자 일한다.

④ 불황을 타지 않고 IMF도 상관없다.

⑤ 자기 일에 충실하고 최선을 다한다.

⑥ 명퇴나 정년이 없다.

⑦ 잘못해도 큰집에 가서 밥 세끼 꼬박꼬박 먹는다.

⑧ 취직 시험 없이도 100% 취업이 된다.

물론 우스갯소리죠. 그렇다고 우리 중 누구라도 도둑님(?)이 되어선 절대 안 될 일이지요.

어느 날 교도소 위문을 갔다가 한 죄수에게 물었습니다.

"넌 어떻게 3년이 다 되도록 면회 오는 식구가 하나도 없냐?"

"올 수 없어요!"

"왜? 다 외국에 있냐?"

"아니요. 모든 식구가 다 여기 들어와 있어서요."

들어 보면 참 서글픈 이야기죠. 핑계 없는 무덤이 없다는 말처럼 다 이유가 있고 핑계가 있습니다. 그러나 미사 참례에 핑계가 있어선 안 되지요. 마지못해서, 마누라가 뭐라고 해서 등 성당에 가는 이유도 참 많습니다. 그러나 주일날 성당에 오는 건 축제요, 기쁨이 되어야 합니다. 성당은 영혼의 아버지를 만나 뵐 수 있는 영혼의 고향이기 때문입니다. 우리 모두 영혼의 아버지의 뜻대로 '끈끈'하게 살도록 합시다.

첫째는 화끈하게,

둘째는 구두끈을 질끈 동여매고,

셋째는 심장을 후끈하게 달궈서,

넷째는 작은 일에 절대 발끈하지 마시고요.

어때요? 끈끈하게 사는 것이 좋지 않습니까?

사람들이 저보고 작지만 쇳덩어리 같다고 해요. 여러분도 쇠처럼 사시길 바랍니다. 아내 명령에 복종하는 돌쇠, 개미처럼 부지런히 일하는 마당쇠, 아내의 잘못에 참는 자물쇠, 화난 아내의 마음을 다스리는 만능열쇠, 경제 위기에 끄떡없는 무쇠, 짜증 나는 세상 둥글둥글 사는 굴렁쇠, 근검절약하는 구두쇠……. 자, 여러분은 어떤 쇠가 되시겠습니까?

그리고 무엇보다 이제 편하게 삽시다. 핸드폰만 해도 그렇습니다. 사실 걸고 받을 줄만 알면 그거 참 편한 것입니다. 친구 부인이 아들로부터 문자 메시지 보내는 법을 한 시간 동안 배웠어요. 처음으로 남편에게 "여보, 사랑해!" 문자를 보내고 흐뭇했지요. 그런데 그걸 받아 본 남편이 택시를 타고 달려와 화를 냈어요. 왜냐하면 "사랑해"에서 ㄹ을 ㅁ으로 잘못 쳐서 "여보, 사망해!"로 문자를 보냈으니 말입니다!

    모르면 모르는 대로, 부족하면 부족한 대로 삽시다. 있는 대로 받아들이며 사는 것이 사실 은총이고 행복이지요. 사는 동안 마음이 편안하지 못한 것은 과도한 욕심 때문인 경우가 많답니다. 그러니 교우 여러분도 욕심을 버리고 마음 편하게 사세요!

2009년 6월 14일

즐거운 고통

저는 주님의 은총을 듬뿍 받은 사람입니다. 세상에 없을 수도 있었던 제가 지금 이렇게 살아 이 글을 쓸 수 있다는 것에 감사합니다.

저는 태어날 때 영양 공급이 안 돼서 너무 약하게 태어났습니다. 그래서 가족들이 눈물을 머금고 저를 버리기로 합의하고 땅에 묻었습니다. 그런데 이모님이 저를 캐서 산으로 도망갔습니다.

그런 후에 이틀간을 물 한 모금 못 먹다가 살아났고, 다섯

살까지 누워서 앓기만 하다가 여섯 살이 되어서야 겨우 걸음마를 시작했습니다. 초등학교 때는 책가방도 못 들었을 정도니, 아마 우리나라에서 제일 약하고 기구하게 태어난 것 같다고 해도 과언이 아닐 겁니다.

그러다 열한 살에 운동을 해야겠다 싶어 아령을 들기 시작해서 열여덟 살에 미스터 대전고, 미스터 충남이 되어 고려대에 입학했습니다. 1966년도 미스터 고대, 고대 응원단장을 지내고 ROTC 장교로 임관하여 탱크 소대장으로 복무했습니다. 그리고 전역한 후에는 여러 가지 외판원 일을 하다가 연예계에 들어와 건강의 상징인 '뽀빠이'가 됐습니다.

이보다 더 기구한 인생이 있습니까? 저는 그야말로 기적이라고 생각합니다. 지금 생각해도 하느님께 너무 감사하고, 아무 곳이나 쳐다보고 인사하고 싶을 정도로 고맙습니다.

인생에서 실패보다 무서운 것이 포기입니다. 어려움이 닥쳤을 때마다 주님께서 시험하신다 생각하고 이겨 내야 합니다. 정말로 신념은 환경을 이깁니다. 저는 늘 역경을 이겨 낸 분들의 글을 읽고 힘을 얻습니다.

여러분! 이분의 역경을 한번 보시겠습니까? 17세, 22세, 29세에 말라리아로 죽을 고비를 넘기고, 19세 때 천연두에 걸리고, 20세에는 늑막염, 35세에는 급성 이질로 죽을 뻔했고, 43세에 치아가 다 빠져 고생하다가, 43세에 미국 혁명군 사령관으로 독립운동을 지휘하고 승리해서 국민적 영웅이 되었습니다. 그리고 12년 후 55세에 미국 초대 대통령이 되었습니다. 그는 바로 '조지 워싱턴'입니다.

교우 여러분, 힘이 나시지요? 고생은 사람을 만들고 편안함은 괴물을 만든다고 했습니다.

혹시 아직도 절망에 빠져 있습니까?

1828년에 러시아에 태어난 아주 못생긴 소년을 한번 보세요. 그의 넓적코는 숨만 쉬는 데 사용할 뿐 너무 주저앉아서 안경도 못 쓸 정도였습니다. 입술도 너무 두꺼워 그냥 식사할 때만 사용할 뿐이고 회색 빛깔의 눈도 매우 작았습니다.

못생긴 외모를 비관만 하다가 인생을 포기하려는데 친구가 그에게 "인생의 행복은 외모에 있지 않고 내면의 풍요로움에 있다."라는 말을 해 주었습니다.

그래서 그는 하느님께 기도하고 또 기도했습니다. 그리고 기도를 통해 신념을 확고히 하고 글을 쓰기 시작했습니다. 그가 러시아의 대문호인 '톨스토이'입니다. 진정한 아름다움은 외모가 아니라 내면의 사랑에 있는 것입니다.

여러분은 저와 톨스토이보다 잘생기셨죠? 여러분, 행복한 고민하지 마시고 고통을 즐기십시오! 그러면 하느님께서도 여러분에게 길을 가르쳐 주실 것입니다.

2009년 6월 21일

가장 위대한
동물

한이 없고 끝도 없는 게 욕심입니다. 욕심이란 욕먹는 마음이라는 뜻입니다.

어느 병원 영안실에 세 구의 시신이 왔는데 다 웃는 얼굴로 죽었더래요.

한 명은 복권 1등에 당첨되어 웃다가 심장마비로 죽었답니다. 다른 한 명은 아들이 전교 1등 했다고 펄쩍 뛰다가 넘어져 죽었답니다. 나머지 한 명은 벼락을 맞아 죽었는데, 뭐가 좋다고 웃었나 보니까 하늘에서 번쩍하니까 사진 찍는 줄 알고 웃고 있다 죽었대요.

여러분은 세상 둥글둥글하게 사세요. 동네 정육점에 변호사 집 개가 와서 고깃덩어리를 물고 갔어요. 정육점 주인은 당장 그 변호사한테 가서 물었습니다.
"변호사님, 개가 우리 집 고기를 물고 갔으면 개 주인이 고기 값을 내야 하나요?"
"그럼요. 당연히 받아야 합니다."
"그럼 댁의 개가 물고 갔으니 5만 원 주세요."
"그래요. 여기 있어요, 5만 원."
그러고는 일주일 뒤에 정육점에 청구서 한 장이 와서 보니 변호사가 보낸 변호사 상담료가 10만 원이더랍니다.

요즘엔 여성들이 얼굴을 하도 고쳐서 부부간에도 가끔 못 알아봐 실수한답니다. 아주머니가 슈퍼에 갔더니 종업원이 말했습니다.
"아줌마, 젊어 보여요."
"몇 살로 보이냐?"
"40대로 보여요."

"어머나! 정말?"

"우리 가게는 뭐든지 30% 할인하거든요."

얼굴보단 엑스레이X-ray가 잘 나와야지요. 요즘 젊은이들은 맞선볼 때 엑스레이 필름을 갖고 나와야 된다는 우스갯소리가 있답니다.

메이크업도 나이별로 다르답니다. 20대는 화장이고, 30대는 분장, 40대는 위장, 50대는 가장, 60대는 변장, 70대는 환장, 80대는 젠장이래요.

그런데 세상에서 가장 행복한 얼굴은 바닷가에서 멋진 모래성을 완성한 후 웃는 아이의 얼굴, 아기를 목욕시키고 나서 뽀얀 아기의 얼굴을 바라보며 미소 짓는 엄마의 얼굴이랍니다.

돈 들여 고친 얼굴보다 자연스레 웃는 얼굴이 더 예쁜 얼굴임을 알아야겠지요.

돈이야 잃으면 벌면 되고, 명예를 잃으면 재기하면 되지만, 건강을 잃으면 인생을 송두리째 잃는다고 했습니다. 아무리 구두쇠라고 해도 숨 쉬는 건 아끼지 말고 계속 쉬어야 삽니다. 지금 하는 일이 즐겁다고 생각하면 천국에서 사는 것이고, 불평 속에 살면 그곳이 지옥임을 알아야 합니다.

하와이 해양 동물원의 출구에 '가장 위대한 동물'이라는 팻말이 있습니다. 그 동물이 무엇인지 궁금해진 사람들이 모두 그 동물을 보려고 앞다투어 들어갔는데 아무것도 없고 전면이 거울이더랍니다.

"뭐야? 동물이 어디 있어?" 하는데 "거울 속의 당신이 세상에서 가장 위대한 동물입니다." 하고 방송이 나왔답니다.

그렇습니다. 여러분이 세상에서 가장 귀하고 위대한 존재입니다. 위축되지 말고 즐겁게 사세요!

2009년 6월 28일

최정원 다리아

생년월일: 1969년 8월 2일
직업: 뮤지컬 배우
주요 활동: 2010년 제16회 한국뮤지컬대상 여우 주연상 수상
뮤지컬 〈맘마미아〉, 〈시카고〉, 〈키스 미 케이트〉, 〈안녕, 프란체스카〉, 〈프로듀서스〉 등 출연

수중 분만

내과, 외과, 소아과, 피부과……. 이렇게 다양한 분과의 병원들 중에 병에 걸리지 않았는데 찾는 병원은 딱 한 곳뿐입니다. 그건 바로 뱃속에 잉태된 생명을 소중히 품은 채 산모들이 주기적으로 다니는 '산부인과'입니다.

우리가 병원을 찾는 데는 아픔, 고통, 두려움 등 여러 요인이 있겠지만, 가장 큰 이유는 그 병에 대한 '무지無知' 때문일 수 있습니다. 그렇기에 그 분야에 대해 많은 공부와 노력을 기울인 전문의에게 우리의 병을 온전히 맡기게 되는 것입니다. 그런데 아이를 가진 산모 또한 언제부터인가 '병원'을 들

락거리면서 병원에 질병을 온전히 위탁하듯, 태아까지 맡겨 놓는 수동형의 '환자'가 되어 버리는 듯합니다. 여기서부터 많은 것들이 왜곡되기 시작하는 것 같습니다.

산모가 환자의 기분으로 병원에서 시키는 대로만 하다 보면 출산이란 게 낯설고 나의 일 같지가 않고, 결국 산모는 아이를 출산하는 주체자가 아닌 숙주의 역할만을 하는 경우를 종종 보게 됩니다. 아이를 낳을 때 왜 배가 아픈지, 왜 아팠다 안 아팠다 하는지, 어느 정도 아픈지, 어떤 생각으로 이겨 내야 하는지 등에 대한 이유를 대부분의 산모가 모르는 경우도 많습니다. 이는 바로 산모가 출산의 주체자가 아닌, 병원을 드나드는 환자의 역할만을 해 왔기 때문이라고 생각합니다. 또한 아이를 낳을 때는 누구나 아픈 것이 당연하다는 인식 때문에 자세히 알려고도 하지 않았기 때문이라는 생각도 듭니다.

그 결과 우리는 전 세계 제왕 절개율 1위, 전 세계 회음부 절개율 1위라는, 자동차 대수 대비 사망 사고율 1위와 더불어 생명에 대한 치욕적인 왕관을 대한민국에 씌워 주었는지 모릅니다. 전 세계에는 60억 인구가 사는데 유독 대한민국의 태아들만 제왕 절개를 해야만 하는 위독한 상황에 놓인 걸까요? 앞으로 어쩌면 우리는 말을 바꿔야 할지도 모릅니다. '어머님 날 낳으시고'가 아닌, '어머님 날 꺼내시고'로 말입니다. '출산'이라는 말이 사라지고 '탈산'이라는 신조어가 생길지도 모르겠습니다.

십여 년 전 수중 분만이라는, 그 당시에는 괴상하다고 여겨지던 방법으로 딸아이를 낳았습니다. 출산이라는 어찌 보면 지극히 사적인 일을 방송에까지 내보내기로 결정한 데는 나름의 이유가 있습니다. 임신 후 병원에 다니며 갖게 된 생명에 대한 저의 생각과 너무나 다른 견해들을 보며, 제 생각을 나타내 보이고 싶었기 때문입니다.

우리가 살아가며 행하는 많은 기적 같은 일들에는 대학교에 가는 일, 그보다 더 어렵다는 직장에 입사하는 일, 살아가며 꿈을 하나씩 이뤄 나가는 일 등 수없이 많은 일들이 있습니다. 하지만 이 땅에 스스로 살아 숨 쉬는 새 생명을 탄생시키는 일보다 더 소중한 일은 없을 것 같습니다.

오늘 8월 2일은 주님과 부모님으로부터 소중한 제 생명을 허락받은 날입니다. 사십여 년 전 오늘, 저를 꺼내지 않으시고(?) 낳아 주신 어머니께 감사드립니다.

2009년 8월 2일

못 잊어

연휴 때면 꼭 방영해 주는 프로그램이 있습니다. 서커스……. 지금도 빨간 천막을 쳐 놓고 하는지는 모르겠지만, 사자나 호랑이가 불붙은 커다란 고리를 통과하는 쇼는 서커스에서 여전히 빠지지 않습니다.

모든 털 달린 동물은 본능적으로 불을 두려워한다고 합니다. 그런 맹수들이 불타는 고리를 자연스럽게 뛰어넘는 것은 가혹한 훈련이나 먹이 때문만은 아니랍니다. 오랜 세월 조련사와 함께 생활하며 쌓인 믿음이 본능조차 거슬러 불길을 향해 뛰어들 힘을 준다고 합니다.

어머니와 함께.

벌써 30년도 더 지난 이야기입니다. 어느 날 어머니는 제 손을 잡고 명동에 있는 한 연기 학원에 가셨습니다. 동네에서도 다섯 명 이상의 관객이 모여야 노래를 하고, 혼자 연기를 한다며 눈물을 철철 흘리며 감정을 잡곤 했던 저를 연기 학원에 보내기로 하신 것입니다.

어머니는 아버지에게도 비밀로 하고 딸의 손을 잡고 학원을 찾으셨습니다. 연기 학원이 있는지조차 모르던 어린 나이의 제가, 처음 학원 문턱을 넘은 것이었습니다. 당시 연기 학원으로서 내로라하던 그곳의 분위기에 기죽어 떨면서, 어머니와 원장님의 면담이 끝나기만을 기다리며 원장실 밖에 서 있었습니다.

그런데 안에서 원장님과 어머니의 대화가 들려 궁금한 마음에 이를 몰래 듣고 깜짝 놀라고 말았습니다. 어머니의 오랜 꿈이 바로 배우였다는 것입니다. 너무도 놀랐지만 저는 지금껏 누구에게도 어머니의 비밀을 털어놓지 않았습니다.

잠시 후 대여섯 명의 어린 신입생들의 떨리고 설레는 마음을 달래 주려는 의미에선지 느닷없이 부모님들의 노래자랑이 시작되었습니다. 요즘 같은 노래방 기계는커녕 변변한 반주 시설도 없던 시절, 차례가 되어 앞으로 나가신 어머니는 패티김의 〈못 잊어〉를 반주 없이 부르셨습니다.

  그때 어머니의 모습과 목소리는 지금도 잊을 수 없습니다. 마치 당신이 배우가 되어 첫 무대에 서신 양 지그시 감은 눈에서 눈물까지 흘리시며 열창하시던 모습……. 저는 그게 어떤 노래인지도 모르면서 어머니가 내뿜는, 말로는 표현 못할 에너지를 온몸으로 느끼며 따라 흐느꼈습니다. 제가 아홉 살 때의 일입니다.

  지금껏 배우로 살아오면서 받은 수많은 가르침 중 가장 커다란 가르침을 그때 어머니께 배운 듯합니다. 그것도 연기학원에 다니게 된 첫날에 말이지요. 학원에서 〈못 잊어〉를 부르시며 눈물을 흘렸던 어머니는 그날 이후 아직까지도 제게 어릴 적 꿈이 배우였다는 말씀을 털어놓으신 적이 없습니다. 제가 대학 입시를 치르던 날이나 큰 작품의 오디션을 보러 가는 날에도 어머니는 단 한 번도 따라나서지 않으셨습니다. 하지만 저는 본능을 거스를 정도의 커다란 믿음을 갖는 서커스단의 사자처럼 어머니를 믿고 의지합니다. 제게 어머니는 배우인 딸이 평생토록 '못 잊을' 교훈을 가슴속 깊이 심어 준 훌륭한 조련사이시기 때문입니다.

2009년 8월 30일

어릴 적 꿈

저는 어릴 적부터 유난히 빵을 좋아했습니다. 소꿉놀이를 할 때에도 '모래알로 떡 해 놓고 조약돌로 소반 짓는' 모래알 밥과 나뭇잎 으깬 반찬 대신 빵과 차를 준비하는 것을 더 좋아했습니다. 심지어 그 시절 제 꿈은 빵집 주인에게 시집가서 매일 맛있고 달콤한 빵을 먹는 것이었으니까요.

아빠 역을 맡은 옆집 살던 남자 친구를 얼른 회사로 출근시켜 버리고 뒷집 단짝과 세상사(?)를 논하는 것은 1970년대에 어린 시절을 보낸 세대들에게는 질리지 않는 레퍼토리였습니다. 가족에게 만들어 주는 식사든, 친구가 놀러 와서 내어 주는 간식이든 모두 다 흙으로 만든 케이크 한 덩이와 이가 시리도록 차가운 수돗물 한 잔이었지만 저만의 자랑스러운 단골 메뉴였습니다.

여자라면 대부분이 빵에 대한 관심과 애정을 갖고 있을 테지만, 저의 빵에 대한 애착은 어렸을 때부터 참으로 남달랐던 것 같습니다.

몇 해 전 어느 추운 겨울 크리스마스이브에 초등학교 동창 모임이 있었습니다. 그날 모임의 하이라이트는 오랜만에 만난 친구들끼리 선물을 교환하는 것이었는데, 공연 후 바로 가느라 분장도 채 못 지우고 시간에 쫓겨 갔던 저는 선물을 미처 준비하지 못했습니다. 그래서 그날 공연이 끝나고 팬으로부터 받은 조그만 케이크 상자를 오늘의 선물이라며 임기응변으로 내놓았습니다.

"너 아직도 밥보다 빵을 좋아하냐? 니 빵이라면 이제 신물이 난다."

이제는 한 아이의 아빠가 된 옆집 살던 어릴 적 소꿉놀이 신랑이 비꼬듯 얘기합니다.

"오랜만에 내 밥상 한번 받아 볼래? 그래도 그때 내가 차려 준 밥 먹고 네가 이렇게 잘 커서 멋진 사람이 되었잖니~."

오래전 소꿉장난을 떠올리며 케이크 상자를 열었는데, 그 안에는 달콤하고 화려한 케이크 대신 초라해 보이는 평범한 소보로빵 하나가 들어 있었습니다.

오랜만에 만난 친구에게 주는 선물치고는 조금 초라한 것 같아서 겸연쩍게 웃으며 "그래도 흙으로 만든 것보다는 낫잖니~ 예수님 태어나신 날인데 한 입씩이라도 나누어 먹자." 하며 최후의 만찬을 재현하듯 빵을 나누어 먹었습니다.

그날 이후부터였던가……. 이제는 화려한 조명 아래 놓인 달콤한 케이크보다는, 언제나 먹어도 담백한, 그저 본연의 빵 맛만을 느낄 수 있는 빵이 더 좋습니다. 배우가 되지 않았다면 제빵사가 되었을지도 모를 정도로 빵을 좋아했던 어릴 적 생각이 종종 나곤 합니다.

2009년 8월 23일

딸과 함께.

엄마인지 딸인지

　지난 일들을 생각해 보면 어렴풋한 기억과 함께 풋풋한 웃음을 자아내는 추억이 있는가 하면, '아니, 어떻게 그런 일들이 있을 수 있었지?'라는 생각이 드는 일들도 있습니다. 그 추억들 중 '통행금지'라는 제도는 후자에 속하는 것인데 1982년, 제가 중학교에 입학하던 해에 해지되었습니다.

　당시에는 나름대로 그렇게 했던 이유가 있었을 통행금지라는 제도가(아마 밤 12시부터 새벽 4시까지 문밖출입을 할 수 없었던, 그래서 차들도 다니지 않았던 제도로 기억합니다.) 해지되던 1982년 이후에 출생한 사람들에게는 아마 상상도 할 수 없는 일이겠죠?

통행금지 해지와 더불어 중·고등학생들의 두발 자율화도 시행되었습니다. 그야말로 군인들보다 더욱 짧던 남학생들의 머리, 일명 빡빡머리가 사라지게 된 것이죠. 하지만 학생인 저의 자유를 제한하던 또 하나의 '적'은 여전히 사라지지 않았습니다. 그건 바로 '교복'을 입는 일이었습니다.

그때는 지금처럼 다양한 디자인의 교복이 있었던 게 아니라 모든 여학생들이 동일한 검은 스커트에 학교 배지, 학년 마크, 이름표가 달린 흰색 옷깃의 옷을 입었습니다. 영화 〈친구〉처럼 요즘 드라마나 영화에서도 그때의 교복을 종종 보여 주기에 아마 어떤 모습인지는 그 교복을 입어 보지 않은 세대들도 잘 알고 있을 거라 생각합니다.

영화 속에서는 교복에 흰 양말과 검은 단화를 신고 깔끔한 이미지로 보여져 그때의 교복을 입어 보고 싶은 마음이 들기도 하겠지만, 사실 그 당시 여학생들이 모두 그렇게 깔끔하게 교복을 입은 건 아니었습니다.

저 역시 "정원이 너, 허리에 말아 올린 치마 펴지 못해!"라는 어머니의 잔소리를 아침마다 들어야 했습니다. 유난히 긴 치마 길이에 불만이 있어(대부분 1학년 학생들의 교복은 크기 마련입니다.) 교복 치마의 허리 부분을 보통 두세 번씩 말아 길이를 짧게 해서 입는 게 유행이 되기도 했습니다.

요즘엔 거리를 지날 때 여학생들의 교복 입은 모습을 보면 환하게 웃게 됩니다. 그 당시하고는 상대도 안 될 만큼 다양해진 교복이 예뻐서도 그렇지만, 교복을 입은 여학생들을 보면 그냥 기분이 좋아지거든요. 이 '교복'은 과거에 대한 두 가지 종류의 추억 중 전자에 속하는, 이토록 환한 웃음을 자아내는 추억입니다.

"엄마, 이 치마 너무 길잖아!"
이젠 제 딸아이가 하얀 치마의 허릿단을 한 번 접어 입습니다. 허리가 고무줄로 되어 있는 아이들 치마라 한 번 접어 입어도 크게 문제 되지는 않지만, 이제 고작 열한 살 난 아이가 치마 길이를 신경 쓴다는 게 맹랑하기도 합니다.
어머니와 제가 그랬던 것처럼 이젠 저와 딸아이가 치마 길이로 실랑이하고 있습니다. 실랑이하면서도 저도 교복 치마를 줄여 입던 그때가 생각나서 슬며시 웃음이 납니다.

2009년 8월 16일

내 생애 가장
아름다운 여행

　배우라는 직업으로 살아간다는 건 참 많은 것들을 '잊어야' 만 가능한 직업 같습니다. 무대 위에서 수많은 인물들의 삶을 대신 살아 보는 것이 배우의 일이며 하나의 작품이 끝나면 또 다른 작품의 인생사에 빠져들어야 하기 때문입니다. 그러다 보니 새로운 인물로 살기 위해 그전까지 했던 배역의 인물로 살아온 또 다른 나를 내 안에서 완전히 지워내 버려야 하는 작업 또한 무척 중요한 일입니다.

　저를 다시 백지로 만들어 주기에 가장 좋은 방법은 '여행'

입니다. 아마도 그동안 지금껏 해 온 작품들의 수만큼 여행했을 것입니다. 그렇게 많은 작품 후의 여행 중에서 가장 로맨틱했던 여행을 소개할까 합니다.

공연 일정 도중에 결혼식을 올리게 되어 바로 신혼여행을 가지 못했던 저는 결혼 후 6개월이 지나서야 남편과 첫 여행을 갈 수 있었습니다. 늦은 신혼여행의 달콤함을 즐기던 도중 잊지 못할 사건이 벌어졌습니다.

아침에 눈 뜨면 곧바로 수영장으로 나가 수영도 하고 책도 읽으며 지난번 배역으로 살아왔던 제 자신을 그 인물로부터 떨쳐 내는 망각의 여행을 보내던 도중, 그만 결혼반지를 잃어버렸습니다. 보통 결혼반지를 잃어버린다는 것은(그런 사람들이 많지도 않겠지만) 물건을 잘 챙기지 못하는 남자들의 이야기인 줄 알았는데, 아내인 제가, 그것도 명색이 신혼여행이라고 와서 잃어버릴 줄이야······.

남편은 수영장 관리인에게 개인적으로 부탁했습니다. 마음씨 좋은 관리인은 결혼반지라는 말에 호텔 측에 알아보지도 않고 수영장 주변의 투숙객들에게 양해를 구한 뒤 수영장의 물을 빼기 시작했습니다. 그 큰 수영장의 물이 다 빠지기

까지 실제로 적지 않은 시간이 흐르기도 했지만, 물이 빠지기를 기다리던 그 순간이 그때는 끝도 없이 길게 느껴졌습니다…….

수영장을 이용하던 대부분의 투숙객들은 객실로 돌아갔지만, 서너 명 정도의 외국인들은 물이 차츰 빠지면서부터 반지 찾는 일에 동참해 주었습니다. 그들의 마음 덕분에 우리는 물이 전부 빠진 수영장 바닥 한구석에서 결혼반지를 찾을 수 있었습니다.

1998년 명동 성당에서 혼인 미사를 통해 주고받은 나의 결혼반지. 사실 가격으로 따지면 그 당시 오만 원 정도밖에 안

나가던 14K 금반지였습니다. 그날 밤 남편은 충분히 더 좋은 반지를 살 수 있을 만큼의 돈으로 반지를 찾아 준 분들에게 샴페인을 대접했습니다.

어찌 보면 잃어버린 그 반지 대신 한국에 돌아와 더 좋은 반지를 받을 수 있었을지 모릅니다. 그러나 저는 여전히 제 손에서 빛나고 있는, 작고 초라한 이 사연 많은 결혼반지를 사랑합니다.

채우기 위해 우선은 자신을 비워야 한다는 말이 있습니다. 이 말처럼 저는 지난 공연들을 망각하고 저를 비우기 위해 갔던 여행에서 수영장의 물을 전부 '비워' 냄으로써 비록 값은 크게 나가지 않지만 그 의미가 너무도 소중한 결혼반지를 찾아낼 수 있었습니다. 그러니 어찌 이 반지를 더욱 사랑하지 않을 수 있을까요?

2009년 8월 9일

최성희(바다) 비비안나

이름: 최성희 생년월일: 1980년 2월 28일
직업: 가수, 뮤지컬 배우
주요 활동: 그룹 S.E.S. 활동, 서울가톨릭사회복지회 홍보대사(2004), 서울대교구 생명위원회 홍보대사(2009), 생명 프로젝트 앨범 〈생명, 사랑해 기억해〉(2009) 참여, 뮤지컬 〈노트르담 드 파리〉(2008), 〈금발이 너무해〉(2010), 〈브로드웨이 42번가〉(2010) 등 출연

가족과 나

제가 아직 어렸을 때, 아버지가 갑작스레 6개월 시한부 선고를 받으셨습니다. 아버지는 죽음을 준비하시면서, 기적을 바라서가 아니라 주님을 뵙기 두려운 마음이 앞서 성당에 다니겠다고 하셨습니다. 하느님을 믿지 않았던 아버지는 성당에 다니신 후에 '하느님의 신비'를 깨달으셨습니다. 그리고 기도회에서 성령을 받으시고 성경 모임도 열심히 나가셨습니다.

그 후 1년이란 시간이 훌쩍 지났을 때 믿을 수 없는 일이 일어났습니다. 아버지의 건강이 회복되신 것입니다. 병원에서는 어떻게 이런 일이 일어날 수 있는지 의학적으로 도저히 설명할 수 없다고 했습니다. 그때 아버지는 "기도밖에 한 것이 없다."라고 말씀하셨습니다.

아버지는 건강이 회복되고 나서 새로운 삶을 사셨습니다. 탑골 공원에서 노래도 부르셨는데, 꼬마였던 저는 아버지와 같이 다니면서 노래로 사람들에게 기쁨과 행복을 줄 수 있다는 것을 깨달았습니다.

지금도 아버지는 늘 새벽까지 기도하시며 "늘 깨어 기도하여라."(루카 21,36) 하신 예수님의 말씀을 몸소 실천하고 계십니다. 가족 모두가 성숙한 신앙인이 되도록 노력하며, 우리 가족에게 베풀어 주신 주님의 은총과 사랑을 잊지 않으려고 노력하고 있습니다.

어려운 집안 형편에도 가족의 희생과 사랑으로 저는 제가 원하던 예술 고등학교 연극영화과에 진학할 수 있었습니다. 연기하는 것이 꿈이었기에 레크리에이션을 지도하는 수녀님이 되고 싶었습니다.

그래서 성당에서 개최한 캠프에서 레크리에이션을 이끌기도 했습니다. 그러나 한두 번 정도의 레크리에이션 지도는 재미도 있고 어렵지도 않았지만, 이 일을 평생 해야 한다고

생각하니 수녀님이 되는 것이 쉽지만은 않아 보였습니다.

그 후 학교 선생님의 추천과 주위 분들의 도움으로 원하던 대학에 진학할 수 있었습니다.

가수가 되어 활동을 하면서부터는 부모님과 떨어져 살았습니다. 당시에 부모님은 집에서 따뜻한 물로 씻기도 어려운 상황이었는데, 저만 새집에서 따뜻한 물로 씻으려니 마음이 아팠습니다. 시간이 흘러 부모님께 집을 마련해 드리고 나서야 저도 마음 편히 따뜻한 물로 씻을 수 있었습니다.

부모님은 제가 가수가 되어 바쁘게 활동하느라 신앙생활이 소홀해지는 것을 늘 안타까워하셨습니다. 저 역시 바빠서 주일을 지키지 못할 때에는 노래도 잘 안 되고 마음도 혼란스러워집니다. 하지만 "나는 포도나무요 너희는 가지다."(요한 15,5)라는 말씀을 위안으로 삼아서 저는 포도나무인 주님 안에 작은 가지처럼 늘 마음으로라도 함께하려고 노력합니다.

"주님! 작은 가지처럼 연약한 저를 붙들어 주세요."

2006년 2월 4일

\<Dreams Come True\>
꿈은 이루어진다

　아버지의 병을 치료하기 위해 저희 가족은 제가 초등학교 4학년이 되던 해에 서울 생활을 정리하고 지방으로 내려갔습니다. 모든 것을 포기하셨던 아버지는 병이 조금씩 호전되자 근처 성당에서 관리 일을 하셨습니다. 그래서 저희 가족은 문을 열면 바로 성전이 보이는 성당 건물에서 살게 되었습니다.

　4년 동안 저는 그곳의 성당 마당에서 매일 저녁, 온몸이 땀에 젖을 정도로 춤추고 노래를 불렀습니다. 성당 주변은 공기가 맑았고, 여러 종류의 과일을 재배하는 과수원이 있어서 노래하다가 배가 고프면 과일을 따 먹기도 했습니다. 달빛 아래서 춤을 추다가 그 빛에 비춰진 그림자를 볼 때면, 하느님께서 항상 저와 함께 계심을 느꼈습니다. 그럴 때면 곧 기도를 드리기도 했습니다.

당시 저는 '가고 싶은 대학에 들어가서 축제 때 노래하며 춤추면 행복하겠지!' 또 막연하긴 했지만 '유명한 가수와 함께 한 무대에 서면 얼마나 좋을까? 그렇게 해 주셨으면 좋겠다!'라는 소망을 품곤 했습니다.

그로부터 몇 년 후, 저는 세계적으로 유명한 가수와 한 무대에 서게 되었습니다. 그때야 비로소 하느님께서 제가 올린 기도를 모두 다 들어주셨다는 것을 깨달았습니다. 그 무대에서 전율을 느끼며, 주님을 신뢰하고 노력하면 주님께서는 더 큰 결과로 돌려주신다는 사실도 깨달았습니다.

사실 4년 동안 하루도 쉬지 않고 춤을 추고 노래한 그 자체도 하느님께서 주신 힘이 아니었다면 불가능한 일이었습니다. ⟨Dreams Come True⟩라는 제 노래에서처럼 저는 신앙 안에서 꿈을 이루었습니다. 이루고 싶은 꿈이 있다면, 무엇보다 기도 안에서 그 꿈을 이루려는 노력이 중요하다고 생각합니다.

저 또한 기도와 노력 없이 꿈만 꾸었다면 충만한 주님의 나라와 사랑을 만날 수 없었을 것입니다. 꿈을 이룬다는 것은 성취했다는 만족감 못지않게 공허함도 따라오는 것이기 때문입니다.

시골의 작은 마을에서 아무것도 모르고 자란 아이가 이렇게 큰 사랑을 받을 수 있었던 것은 하느님께서 제게 보내 주신 천사들의 도움 덕분이라고 생각합니다. 그래서 "모든 일에 감사하십시오."(1테살 5,18)라는 성경 말씀은 제 생활의 밑거름이 됩니다. 제가 잘해서가 아니라 주님을 무조건 신뢰하고 의탁해 얻게 된 값진 열매라고 생각하니, 정말로 모든 일에 감사하게 될 뿐입니다.

저를 아껴 주시는 모든 분들의 사랑에 응답하고 주님의 도구가 되기 위해, '반짝 스타'가 아닌 '아름다운 가수'가 되려고 노력하겠습니다. 늘 꿈꾸는 저는 정말 행복한 사람입니다.

"모든 일에 감사하라고 말씀하신 주님! 늘 주님께 나아가려는 마음과 의지를 주세요."

2006년 2월 19일

아제르바이잔,
주님의 초대

연예 활동을 하면서 사귄 절친한 친구가 있었습니다. 서로 많은 것을 공유하고 의지하던 소중한 친구였는데 어느 날 먼저 세상을 떠나게 되었습니다. 친구를 보내고 한동안 아무 생각도 할 수 없었습니다.

그때 한 단체에서 동유럽에 위치한 '아제르바이잔' 난민촌으로 봉사를 가자는 제안을 해 왔습니다. 저는 그 제안이 주님의 초대처럼 느껴져서 응했습니다. 경황이 없는 상황이긴 했지만 그곳에 꼭 가야만 한다고 느꼈습니다.

아제르바이잔은 질병과 가난으로 찌들어 있어, 마치 6·25 전쟁 당시 우리나라를 보는 듯했습니다. 아이들은 먹을 물이 없어서 힘들어 했고, 어른들은 전쟁으로 인해 몸이 성한 곳이 없어서 일을 할 수 없었습니다. 그래서 아이들을 먹여 살릴 수도 없었습니다. 또 어떤 곳은 사람들의 해코지 등으로 무척 위험했습니다.

이런 상황에서 난민을 만난다는 것은 목숨을 내놓지 않고는 할 수 없는 일이었습니다. 그래서 저와 동행하셨던, 이 일을 꾸준히 해 오신 한 선생님이 살아 있는 순교자처럼 보였습니다. 백 마디 말보다 용기 있는 행동 하나로 사랑을 실천하고, 또 우리에게 그 사랑을 보여 주셨기 때문입니다. 선생님은 긴급 구호 활동을 하면서 또 다른 하느님을 만난다고 하셨습니다. 하지만 저는 그 선생님에게서 하느님의 모습을 보았습니다.

5일이라는 짧은 시간 동안 그곳의 어려운 이들에게 식량을 나눠 주는 등의 구호 활동을 하며 큰 보람을 느꼈습니다. 그리고 어려운 이들과 함께하면서 그동안 제 인생에서 일어난 일들을 돌아볼 수 있었습니다.

친구를 보냈던 일……. 저는 많은 것을 다시 생각하게 되었고, 하느님을 더 가까이 찾게 되었습니다. 커 가면서 믿음이 점점 부족해졌던 저의 신앙, 방송 활동 중단과 휴식, 난민촌에서의 봉사 활동……. 이 모든 과정을 통해 자연스럽게 삶의 의미를 다시 생각하게 되었습니다.

하느님께서 보잘것없는 제게 허락해 주신 재능, 활동하는 데 불편함이 없는 건강, 밝고 긍정적인 성격, 하느님의 자녀로 받아들여 주심……. 이 모든 것을 저와 제 가정만을 돌보는 데만 사용할 것이 아니라 이 사회에 도움이 되는데 사용하라고 주셨다는 것을 알게 되었습니다. 제 자신에서 벗어나 더 넓은 시야로 함께 사는 사람들을 도우라는 깨우침도 얻었습니다. 나아가 앞으로는 늘 감사하며, 세상에 소외된 이들을 위해 노래하고 싶다는 생각이 더 간절해졌습니다.

그동안 시간에 쫓길 때면 일과 신앙 사이에서 갈등도 많이 했습니다. 그래서 지금 이 순간에도 "저는 죄인입니다."라며 반성하고 새롭게 태어나려 노력합니다. 제가 깨달은 것은 하느님의 은총 없이는 정말 아무것도 할 수 없다는 것입니다.

형제자매님들도 언제 어디서나 우리와 함께하시는 주님의 현존을 의심하지 말고, 온 마음을 다해 주님께 기도하시길 바랍니다.

"주님! 늘 저와 함께해 주셔서 감사합니다. 주님께서 주신 삶을 통해 주님의 은총과 사랑을 실천하기 위해 노력하겠습니다."

"여러분도 주님 사랑 안에서 모두 행복하세요. 그리고 사랑합니다."

2006년 2월 12일

당신의 도구로 써 주세요!

그룹 활동을 하며 데뷔 초부터 대중의 사랑을 받았던 제가 지난 3년 동안 외국에서 솔로 활동을 하며 가슴 깊이 느낀 것이 있습니다. 그것은 '사람이 혼자만 잘한다고 다 되는 게 아니구나.' 하는 것이었습니다. 그때서야 많은 사람들에게 알려지고 사랑을 받으면서 저도 모르는 사이 '자신감'과 '자만심' 사이에서 균형을 잃게 된 제 자신을 발견했습니다.

언젠가 본 연극 〈위트wit〉가 생각납니다. 암 선고를 받은 주인공은 심한 고통 속에 치료를 받으며 메말라 있었던 지난 삶을 돌아보게 됩니다. 그리고 삶과 죽음의 의미를 되새기다가 사람과 사랑만이 희망임을 깨닫습니다. 주인공은 하느님께 말씀드립니다.

"당신이 저를 정말 사랑하신다면 저를 바라보지 말아 주십시오."

저는 '아무리 겸손한 사람이라도 죽음 앞에서 주님의 자비를 청하지 않을 사람이 있을까.'라고 생각했기에 처음에는 주인공의 말을 쉽게 이해할 수 없었습니다. 그러나 이내 알게 됐습니다. 그가 실로 엄청난 하느님의 사랑을 느꼈기 때문에 감히 하느님께 자비를 청하지 못했던 거라는 사실을…….

사람들은 보통 일이 잘 풀릴 때는 주님의 축복 덕분이고, 힘들 때는 주님께서 자신을 버리셨기 때문이라며 하느님을 원망하곤 합니다. 저 또한 주님의 힘으로 생길 수 있는 '자신감'이 '자만심'이 된 줄도 모르고 주님을 멀리하기도 했습니다. 그러나 요즘에는 주님 앞에 죄인인 저를 인정하기에 이렇게 기도합니다.

'부디 저를 당신의 도구로 써 주세요.'

어지러운 사회 분위기나 힘든 학교생활 중에, 혹은 바쁜 일상생활 가운데 자칫 하느님으로부터 멀어질 수도 있을 것입니다. 그러나 제가 다시 하느님의 품 안으로 돌아올 수 있었던 것은 힘들었던 어린 시절 제게 모든 것이 되어 주셨던 하느님께 대한 신뢰와 신앙 덕분이었습니다. 이 신앙이라는 행복의 열쇠는 주님께서 제게 주신 가장 큰 선물입니다.

또 하나 제가 아끼는 주님의 선물은 노래할 수 있는 저의 목소리입니다. 주님께서 저와 저희 가족만 잘 먹고 잘살라고 이 선물을 주시지는 않았을 것입니다. 그래서 주님께서 이 선물을 어떠한 마음으로 주셨을지 조금이나마 이해하여 더 넓은 세상에서 어려운 이웃과 함께하려고 다짐합니다.

만약 제가 하느님을 몰랐더라면 지금의 저는 없었을 것입니다. 이 목소리도, 쉬지 않고 노래할 수 있는 힘도, 이웃에게 사랑을 전하는 방법도 몰랐을 것입니다. 이 글을 쓰는 것 역시 하느님께서 주신 은총에 대해 다시금 깊이 깨달을 수 있는 기회가 됐습니다. 제 염원을 채워 주신 '저의 하느님'께 감사드리며 부족한 제 글을 읽어 주신 여러분께도 진심으로 감사드립니다.

2006년 2월 26일

이동우 마르코

생년월일: 1970년 4월 12일
직업: 개그맨 **소속 그룹:** 틴틴파이브
주요 활동: 자신의 이야기를 담은 《5%의 기적》(2010) 출간, 평화방송 라디오 〈이동우와 김수영의 오늘이 축복입니다〉 진행, 연극 〈오픈 유어 아이즈〉(2010) 출연

낮은 곳에서 낮은 자세로
살게 하소서

    2004년 봄, 저는 망막 색소 변성증이란 병을 판정받았습니다. 망막 색소 변성증은 안구의 망막에 일어나는 질환으로 시야가 점점 좁아져 결국엔 실명에 이르는 병입니다.

    전 세계의 현대 과학은 아직 이 병을 정복하지 못하고 있는 상황입니다. 원인을 알아내지 못하니 해결 방법을 찾는 것이 쉽지 않을 것입니다. 그리고 이 병은 난치성 질환이면서 진행성 질환입니다. 결국 아무런 대책 없이 세월은 흘러갔고 지금 전 실명 상태로 1급 시각 장애인이 되었습니다.

　세상을 볼 수 없다는 두려움과 공포는 상상 이상으로 컸습니다. 무엇보다 사랑하는 가족의 얼굴을 볼 수 없다는 사실을 받아들이기가 어려웠습니다.

　연예인의 신분으로 살면서 누렸던 풍요로움과 자유로움은 한순간에 모두 물거품이 되었습니다. 발 앞에 떨어진 동전 한 닢도 줍지 못해 쩔쩔매는 내가 앞으로 무엇을 할 수 있을까 생각하니 그저 암담하기만 했고 분노만 치밀었습니다.

　무엇보다 억울한 감정을 다스리기가 어려웠습니다. 나에게 구체적인 잘못과 과오가 있었다면 이 형벌을 받아들이기

좀 더 수월했을지도 모릅니다. 억울하고 참담한 심정을 주체하지 못하고 저는 하루가 다르게 폭군처럼 변해 갔습니다.

그 분노가 극에 달할 때쯤 아내가 병을 얻었습니다. 병원에서는 뇌종양이라고 했습니다. 수술이 잘된다 하더라도 후유증으로 심각한 상황에 놓일 수 있다고 했습니다. 숨을 쉴 수가 없었습니다. 더 이상 하늘을 원망할 힘이 남아 있지 않았습니다.

그런데 참 신기했습니다. 더 이상 내려갈 곳 없는 가장 밑바닥이었던 그곳은 의외로 편안했습니다. 누구를 시기하거나 질투하고, 미워하거나 부러워할 겨를이 없었기 때문입니다. 인간의 능력 그 이상의 상황에서 그렇게 저는 한참을 생각했고, 오랜 시간 제가 살아왔던 지난날들을 돌아보게 되었습니다.

그리고 서서히 깨달았습니다. 그동안 얼마나 욕심을 부리며 살아왔는지, 얼마나 큰 교만과 이기심으로 겁 없이 마음대로 살아왔는지를…….

그 사실들을 하나씩 깨닫는 순간 저는 한없이 부끄러웠습니다. 장애인이 된다는 사실보다 지난 과거가 견딜 수 없이 부끄럽고 후회스러웠습니다.

긴 반성의 시간이 지나자 저는 자연스럽게 용기를 낼 수 있었습니다. 새로운 각오를 다지고 희망을 갖는 제 마음은 놀라울 만큼 가볍고 싱싱했습니다.

저는 거침없이 세상을 향해 제 병을 공개하며 흰 지팡이를 손에 움켜쥐었고 땅을 향해 힘차게 내리꽂았습니다. 모든 것을 받아들이겠다고 마음먹은 순간 공포도 사라졌습니다. 그 후 제 삶은 놀라울 정도로 변했습니다. 세상은 저를 응원했고 사랑해 주었습니다.

제가 바닥이라고 생각했던 그 낮은 곳은 주님께서 계시는 곳이었습니다. 거기서 저는 주님을 뵈었고 느꼈습니다. 주님은 절 안아 주셨고 세상을 향해 다시 돌려세워 주셨습니다. 앞으로도 저는 또다시 넘어질 수도 있고 부러질 수도 있습니다. 늘 부족하고 모자라기 때문에 갖은 실수와 잘못을 저지를 수도 있겠지요.

하지만 이제는 분명히 알고 있습니다. 스스로 인정하고, 뉘우치고, 받아들여야 한다는 것을. 그리고 다시 낮은 자세로 임해야 한다는 것을…….

2011년 2월 13일

희망의 진행 속도가 더 빠릅니다

    망막 색소 변성증이라는 난치병에 걸린 사실을 알게 된 지 6년이 흘렀습니다. 하루가 다르게 시야는 좁아져 갔고 빛은 점점 희미해져 갔습니다. 결국 작년에 실명 판정을 받았습니다. 때로는 눈물을 흘렸고 때로는 주님이 원망스러웠습니다. 헤어날 수 없는 지독한 공포가 온몸을 뒤덮을 때마다 허겁지겁 술을 들이켰고, 그때마다 매번 쓰러져 잠들곤 했습니다.

    돌이켜 보면 참으로 길고 어두운 터널이었습니다. 언젠가는 터널 밖으로 나갈 수 있겠지 하고 스스로 용기를 가져 보지 않은 것도 아니지만 저에겐 그 용기가 도무지 싱겁기만 했습니다. 왜냐하면 터널 밖으로 나간다 해도 여전히 어둠뿐일 거라는 생각 때문이었지요.

그 허무함은 공포보다 무서웠습니다. 살고자 하는 의지를 송두리째 앗아가는 듯했습니다. 저는 늘 무기력했고 염세적이었습니다. 제 의식은 비열했고 사람들에게는 항상 비겁하기만 했습니다. 그렇게 엉망진창이 되어 가는 모습이 주변에서도 부담스러웠는지, 처음엔 위로도 해 주고 따뜻하게 안아 주던 사람들도 결국 하나둘씩 멀어져 갔습니다. 당시엔 그들이 미웠고 야속했습니다. 인간들은 다 똑같다며 욕하고 침도 뱉었습니다.

하지만 지금은 모든 문제가 저에게 있었음을 압니다. 외로움의 그물 안으로 스스로를 몰고 갔던 것이지요. 사회적인 약자가 되었으니 날 보는 사람들은 누구나 다 날 배려하고 위해 주어야 한다고 고집을 부렸습니다. 그런 저의 모습은 동정의 대상에서조차 제외되기에 충분했나 봅니다.

제가 스스로에게 사랑의 온기를 불어넣기 시작한 건 그때부터였습니다. 하늘은 스스로 돕는 자를 돕는다고 했던가요.

다시 일어나 살아 봐야겠다는 생각을 갖게 한 결정적인 계기를 마련해 준 건 바로 네 살 된 딸 지우였습니다. 어느 날 아이가 귀엣말로 조용히 말했습니다.

"아빠, 내가 커서 의사 돼서 아빠 눈 고쳐 줄게요……."

저는 눈을 뜨지도, 지우를 향해 몸을 돌리지도 못하고, 온몸이 굳은 채로 눈물을 흘렸습니다. 딸은 등 뒤에서 아빠의 목을 껴안아 주었고, 심지어 그 고사리 같은 손으로 아빠의 눈물까지 닦아 주었습니다. 그때 속으로 다짐했습니다.

'나도 멋진 아빠 한번 해 보자…….'

그날 이후 저는 머릿속의 모든 세속적 논리와 계산을 지웠습니다. 오직 주님의 뜻이리라 생각했고 마음의 문을 모두 열었습니다. 언제나 가만히 앉아 누군가 손을 잡아 주기만을 바랐던 저는 용기 있게 세상을 향해 먼저 손을 내밀었습니다. 저의 일상은 무서운 속도로 변해 갔습니다.

진행성 난치병, 무섭고도 허무한 병이지만 전 이제 웃을 수 있습니다. 제 용기와 희망은 제 병보다 더 빠른 속도로 진행하고 있으니까요.

2011년 2월 20일

건강한 기도는 건강한 몸에서 나옵니다

지난 2004년 머지않아 시력을 잃게 된다는 병을 판정받고 극심한 스트레스에 시달려야만 했습니다. 더군다나 연예인이라는 신분 때문에 외부에 그 사실을 알릴 수가 없었기에 당시의 답답한 심정은 이루 말할 수 없을 정도였습니다.

그로부터 수년간 저는 단 하루도 술에 취하지 않은 날이 없었습니다. 심지어는 아침부터 술병을 들고 집안을 서성이곤 했습니다. 설상가상으로 전에 없던 폭식증이 생겨 밤마다 쓰레기를 주워 담듯 갖은 음식들을 먹어 치우고, 술에 취해 잠들었습니다. 자연스레 제 몸은 비대해졌고 몸무게는 90kg을 넘어가게 되었습니다.

생활이 그 지경에 이르자 몸 이곳저곳에서 적신호가 켜졌습니다. 잦은 근육 경련에 수면 무호흡증, 천식, 무릎 통증에 만성 피로가 제 몸을 휘감았습니다. 특히 근육 경련은 한 시간에 한 번씩 온몸에 일어났고, 그때마다 길게는 5분 이상 바닥을 굴러야 할 정도로 통증이 심했습니다.

한마디로 그건 사는 게 아니었습니다. 죽어 가는 것이었지요. 그러던 어느 날, 갑자기 일어난 근육 경련 때문에 방바닥에 쓰러져 이리 구르고 저리 구르며 끙끙거리는 아빠를 보던 제 딸 지우가 호기심에 가득 찬 어조로 물었습니다.

"아빠! 지금 내 동생 낳고 있는 거예요?"

저는 치욕스러웠습니다. 지우가 엄마 배 속에 있을 때 날마다 멋진 아빠가 되어 줄 거라고 다짐하고 약속했던 기억이 떠올랐습니다.

"근데 이게 뭐야……."

저는 그날 술을 마시지 않았습니다.

그리고 다음 날부터 뛰기 시작했습니다. 제 병을 공개했고, 남산 산책로를 뛰었습니다. 달리는 저에게 시민들은 힘내라며 "이동우 파이팅!"을 외치며, 박수를 쳐 주었습니다. 그렇게 3개월 반이란 시간이 흘렀고, 그 사이 20kg이 빠졌습니다.

저는 근육 경련을 비롯한 각종 질병에서 완벽하게 해방되었습니다. 요즘에는 만나는 사람마다 한결같은 말을 해 주십니다.

"동우 씨 멋있어졌네요!"

선순환이 시작된 겁니다. 가는 곳마다 칭찬을 들으니 표정이 밝아지고 몸과 마음이 가벼워져, 딸아이와도 더 즐겁게 놀 수 있습니다. 정말 멋진 아빠가 된 것이지요!

더욱 놀라운 사실을 말씀드릴까요? 그건 바로 제 기도가 완전히 달라졌다는 겁니다. "주님! 제발 저 좀 살려 주세요. 도대체 저한테 왜 이러시는 겁니까?"에서, "주님 감사합니다! 이제 이 가벼운 몸으로 제 주위를 찬찬히 둘러보며 살겠습니다. 더 넓은 사랑으로 이웃들과 함께 걸을 수 있도록 해 주셔서 감사합니다."로…….

물론 금주, 금연, 다이어트 등은 평생 하는 거라고 합니다.

저 또한 언제든 요요 현상이 올 수 있겠지요. 하지만, 적어도 아주 강력한 동기 부여 하나는 가슴속에 깊이 심어 두었고, 자신감과 여유를 가질 수 있게 된 것은 저에게 매우 고무적이고 희망적입니다.

혹시, 요즈음 일상생활과 신앙생활 가운데 알지 못할 분심이 자꾸 생긴다거나 이러저러한 이유로 주님과 점점 멀어지는 분이 여러분 중에 계실지도 모르겠습니다. 만약 그렇다면 지금 점검해 보세요. 혹시 내 몸 어딘가가 고장 나 있거나 뱃살이 불어나 있지는 않은지…….

모든 문제의 출발점을 자신에게 두고, 스스로를 돌보고 사랑할 수 있기를 바랍니다.

2011년 2월 27일

김지영 마리아 막달레나

생년월일: 1938년 9월 25일
직업: 영화배우
주요 활동: 신앙 체험기 《김지영의 장밋빛 인생》(2008) 출간, 드라마 〈장밋빛 인생〉(2005), 〈산너머 남촌에는〉(2007), 〈반짝반짝 빛나는〉(2011) 등 출연, 영화 〈우리들의 행복한 시간〉(2006), 〈마파도 2〉(2007), 〈해운대〉(2009), 〈국가대표〉(2009) 등 출연

하느님, 왜요?

　오랜 기간 동안 연기자로 생활하면서 많은 어려움과 힘든 일이 있었지만, 늘 하느님께 감사하는 마음을 가지고 살려고 노력해 왔습니다. 그래서 기도를 할 때도 늘 감사의 기도를 하게 됩니다.
　제가 출연했던 영화 〈우리들의 행복한 시간〉 상영회에서 저는 정진석 추기경님과 함께 영화를 보았습니다. 제가 출연한 장면을 보시며 추기경님께서는 눈시울을 적시셨고 영화가 끝난 후 제 연기를 칭찬해 주셨습니다. 저는 추기경님의 극찬에 평생 동안 힘들고 어려웠던 기억들이 한꺼번에 날아가 버리는 것 같았습니다.

며칠 후 정 추기경님께서 작가 공지영 자매와 저를 주교관 오찬에 초대하셨습니다. 그 자리에서 추기경님은 제 손을 꼭 잡아 주시면서 "저는 자매님이 얼마나 힘들게 살아오셨는지 잘 압니다. 기도 중에 기억하겠습니다. 하느님께서도 자매님의 마음을 다 아시니 용기를 내세요."라고 하셨습니다.

저는 집에 돌아오면서 얼마나 기뻤는지 모릅니다. 기쁘면서도 한편으로는 계속 눈물이 났습니다. "하느님! 이렇게 영광스러운 자리를 만들어 주시고, 이렇게 큰 사랑을 베풀어 주시니 감사합니다." 그날부터 며칠 동안 벅찬 감동에 젖어 하느님께 이렇게 말씀드렸습니다. "주님, 미천한 저에게 이렇게 큰 사랑을 보여 주시니, 저는 어떻게 해야 하나요?"

그러면서 제가 신앙을 가지고 있다는 것이 큰 축복이란 것을 다시 한 번 실감했습니다. 신앙을 가지지 않았다면 어떻게 이런 기쁨을 누릴 수 있겠습니까.

저는 연기를 시작한 지 52년 만에 처음으로 모 방송국에서 수여하는 연기상을 받았습니다. 연기자로 살아온 오랜 동안 저는 지지리도 상복이 없었습니다. 그동안 몇 번 시상식 전에 수상 가능성이 높다고 귀띔을 받아 나름대로 예쁘게 차려

영화 〈마파도 2〉(2007) 촬영 현장에서.

입고 내심 준비를 한 적이 있었지만, 항상 제 이름은 호명되지 않았습니다. 그러나 언젠가 상을 받게 되면 수상 소감은 "하느님, 감사합니다."로 시작하겠다고 늘 마음먹고 있었습니다.

그런데 작년에 시상식에서 갑자기 제 이름이 호명되었습니다. 아무런 예상도 못하고 있다가 무대에 오르자 가슴이 쿵쿵 뛰고 머릿속이 백지장처럼 하얗게 되었습니다. 그래서 정작 시상대에 올라가서는 "하느님, 감사합니다."라는 이 말 한 마디를 못했습니다. 시상식이 끝난 후 얼마나 속상했는지 모릅니다.

그 후 저는 미사에 갈 때마다 하느님께 너무 송구스러워 '주님, 용서해 주세요.'라고 기도했습니다. 지금 생각해도 왜 그날 자랑스럽게 "하느님, 감사합니다."라고 못했는지 제 자신이 바보처럼 느껴집니다.

그래서 이제는 그렇게 부족한 제게 풍족한 은총을 베푸시는 하느님께 더욱더 감사하는 마음으로 생활하려고 합니다. 그리고 하느님께 받은 은총을 많은 이들과 나누는 길은 제가 더 열심히 연기를 하는 것이라 생각합니다.

2006년 11월 5일

나의 어머니, 나의 아버지

제 인생에서 가장 아름다운 모범이 되어 주신 분은 저의 어머니입니다. 저는 사 남매 중 맏딸이어서 비교적 조숙했고, 철도 빨리 들었습니다. 어머니는 불쌍한 사람들을 보면 자신이 먹을 음식도 나누어 주는, 마냥 착하기만 하신 분이었습니다. 그런 어머니의 모습을 보면서 저는 오히려 못되게 굴고 어머니에게 잔소리도 했습니다. 그런 저는 어머니에게 늘 걱정거리였습니다.

그러나 어머니의 걱정과 고생은 저 때문만이 아니라, 집안에 무관심하시고 외도를 일삼으시는 아버지 때문에 갈수록 늘어만 갔습니다.

그러다 제가 중학교 1학년 때 갑자기 6·25 전쟁이 터지면서 우리 가족의 삶은 더욱 힘겨워졌습니다. 전쟁 중에는 저희 가족뿐만 아니라 국민 모두 고생이 이만저만이 아니었습니다. 저희는 피난민 대열에 끼어 서울을 떠나 대구로 피난을 갔습니다. 피난 생활은 그야말로 날마다 굶는 고난의 연속이었습니다.

어머니가 남의 집 허드렛일을 하고 받아 오시는 음식은 식구 모두의 배를 채우기에는 늘 부족했습니다. 그래서 산으로 들로 다니며 온갖 나물과 식물 뿌리를 캐먹고, 나무껍질을 벗겨 먹어야 했습니다. 어머니는 그나마 동냥해 오신 밥도 어린 동생들을 먹이느라 당신께서는 드시지도 못하고 늘 굶으셔야 했습니다. 굶고 계신 어머니를 보면서 제가 어머니와 동생들을 돌봐야 한다는 생각이 들었습니다.

저녁이면 혼자 숨죽여 우시는 어머니가 너무 불쌍했습니다. 저는 어머니께 "동생들은 내가 돌볼 테니 제발 시집가라." 하고 소리를 질렀습니다. 하지만 그렇게 평생 고생만 하셨던 어머니는 결국 굶주림에 지쳐 세상을 떠나셨습니다.

너무나도 힘들고 희망이 없던 그때, 제 인생에서 잊지 못할 가장 고마운 사람들을 만났습니다. 가난한 살림에 장례식은 엄두도 못 내고, 전쟁 중에 누구도 거두어 주지 않았던 어머니의 시신을 안장해 준 사람, 바로 수녀님들이었습니다. 지금도 그때 그 수녀님들은 하느님께서 보내 주신 천사였다고 굳게 믿고 있습니다.

그 당시 아버지는 어머니와 저희 남매들이 고생하며 사는 것을 알면서도 저희를 찾거나 도와주지 않으셨습니다. 제가 만약 하느님의 자녀가 되지 않았더라면 저는 이런 아버지를 죽을 때까지 용서하지 못했을 것입니다. 하느님을 알게 된 이후 제가 누군가를 그렇게 미워할 자격이 없다는 것을 깨달았습니다. 하느님께서 주신 사랑 때문에 아버지를 용서할 수 있었습니다…….

칠순이 된 나이에도 어머니를 생각하면 마치 10대의 소녀 시절로 다시 돌아가는 것 같습니다.

어머니! 하늘에 계신 나의 어머니, 어머니의 딸이 잘 살고 있습니다. 어머니 마음도 기쁘시죠? 보고 싶습니다.

사랑합니다! 어머니…….

2006년 11월 26일

아!
정말 하느님이 계시는구나

남편의 죽음은 연기자인 저의 인생에 가장 기억나는 드라마처럼 남아 있습니다. 불행하게도 남편은 결혼 후 생활비를 한 번도 제대로 갖다 준 적이 없었습니다. 남편은 술에 취해 집에 들어오면 저와 아이들에게 행패를 부렸고, 한 번 집을 나가면 며칠씩, 몇 달씩 감감무소식이었습니다.

그런데 어느 날 방황하던 남편이 집에 들어왔습니다. 그러나 오랫동안 술에 찌들어 살았던 탓에 몹쓸 병에 걸려 있었습니다. 그때부터 저는 13여 년간 남편의 병 수발을 했습니다. 저는 남편을 많이 미워하며 살았습니다.

당시 생활비와 병원비, 약값을 벌기 위해 단역이라도 있으면 온종일 일해야만 했습니다. 남편의 병세가 심해져서 세상을 떠나는 날에도 저는 촬영장에서 일을 하고 있었습니다. 촬영이 한창 진행 중이던 낮 12시쯤, 남편이 죽었다는 기별이 왔습니다.

촬영을 마치고 병원으로 가는데 계속 길을 잃어버리고 헤맸습니다. 분명히 잘 아는 길이었는데도 말입니다. 저는 당시 불교 신자였는데, 저도 모르게 '하느님'을 불렀습니다. 지금 생각해도 이상한 일입니다.

저는 하느님께 기도했습니다.

"성당에 다니는 아들이 세상 모든 것은 하느님 당신이 만들었다고 했습니다. 제가 당신을 믿지는 않지만 한 번만 도와주세요. 부디 제가 그토록 미워한 남편을 만나 화해할 수 있는 시간을 주세요. 저희가 서로 욕하고 싸운 일을 서로 화해하고 용서할 수 있도록 기회를 주세요."

저는 계속해서 빌고 또 빌었습니다. 그러나 제가 병원에 도착했을 때 남편은 이미 숨이 멎어 온몸이 보랏빛으로 변해

가고 있었습니다. 저는 죽은 남편을 붙들고 절규했습니다.

"하느님, 저희가 화해할 시간만이라도 달라고 했는데 너무하십니다. 너무하십니다."

그런데 어디선가 "한 번 더 불러 보아라." 하는 소리가 제 귀에 들렸습니다. 저는 그때 그 소리가 하느님의 목소리라고 굳게 믿습니다. 제가 다시 부르자 남편이 정말 다시 눈을 떠서 저를 보았습니다. 그 광경에 사람들이 모두 놀라 혼비백산하여 병실을 뛰쳐나갔습니다.

저는 남편에게 울면서 당신을 용서할 테니 당신도 나를 용서해 달라고 말했습니다. 아이들은 내가 잘 키우겠으니 편안하게 눈을 감으라고 말입니다. 남편은 말없이 눈물을 흘렸습니다. 그리고 세상을 떠났습니다.

저는 그때 확신이 생겼습니다. "아! 정말 하느님이 계시는구나." 아들이 성당에 가자고 조를 때도 저는 '종교는 자유'라며 외면하곤 했습니다. 저는 남편 장례식이 끝나자마자 바로 성당에 다니기 시작했습니다. 그렇게 예비 신자 교리를 받고, 1986년에 세례를 받았습니다.

하느님께서는 당신에 대해 아무것도 모르는 저에게 그 음성을 들려주시고, 하느님이 정말 계시다는 사실을 알려 주셨습니다. 평탄하지 않은 인생을 살아오면서도 제가 행복할 수 있는 이유는 하느님께서 진정 계시다는 것을 알았기 때문입니다. 저는 늘 감사 기도를 드립니다.

"하느님, 보잘것없는 제게 당신이 계심을 알려 주시고, 구해 주시는 은혜를 베풀어 주셔서 감사합니다."

2006년 11월 12일

견진성사 때 송시몬 신부님, 김남수 주교님과 함께.

하느님 사랑합니다

저는 원래 연극 무대에서 주연 배우로 활동했습니다. 그러다가 아버지의 권유로 연애도 한 번 못 해 보고 결혼을 했습니다. 그런데 결혼 후에 제 고생은 이전보다 더 심해졌습니다. 남편에게 생활력이 거의 없었기 때문입니다. 돈을 벌어 오기는커녕 밖으로만 돌아다니다가 마음이 내킬 때면 가끔 집에 오곤 했습니다. 그러니 살림은 당연히 어려웠고, 사글세방을 전전해야 했습니다.

어느 날, 한동안 집을 나갔던 남편이 돌아왔지만 병원에서도 치료를 포기한 중환자의 몸이 되어 있었습니다. 저는 연기를 접고 아이들을 키우며, 가장을 대신해 남편의 치료비와 생활비를 벌어야 했습니다.

그래서 저는 영화가 새롭게 각광받던 1960년대 들어서야 다시 연기를 시작할 수 있었습니다. 그러나 영화의 주연급 배역은 얼굴이 예쁜 배우들이 모두 차지하고 있었습니다. 그때는 제 나이가 이미 30대에 접어든 때라 주연급 배역은 꿈도 꿀 수 없었습니다.

좋은 배역에 대한 욕심이 없는 것은 아니라 아쉬웠지만, 저는 어떤 역이든 마다하지 않고 열심히 했습니다. 그러나 정말 혼신의 힘을 다해 연기해도 좋은 역할을 맡을 수는 없었습니다.

그 당시 가장 큰 문제는 의상이었습니다. 그때는 출연 배우들이 의상을 스스로 준비해야 했습니다. 다른 배우들은 양장점에서 옷을 맞춰 입었지만 저는 의상을 구입할 형편이 아니었습니다. 그나마 받은 제 출연료도 모두 약값으로 지출해야 했기 때문입니다.

그러다보니 좋은 역할이 들어와도 감독님께 역할을 바꿔

영화 〈초대받은 사람들〉(1981) 특별상 수상식 때(왼쪽 위).
드라마 〈마지막 우상〉(1998) 촬영 현장(오른쪽 위).
드라마 촬영 현장(아래).

달라고 할 정도였습니다. 그래서 제가 맡은 배역은 대부분이 식모, 술집 종업원, 아낙네 1·2·3 등 하찮은 역할이었습니다. 하지만 눈물을 머금고 주어진 역할에 최선을 다했습니다.

일하면서 남편 병 수발을 들어야 하니 쉴 새 없이 바빴고 정신없이 살았습니다. 남편의 치료 기간이 길어지자 돈이 될 만한 세간은 다 팔아 치료비로 사용했습니다. 남편의 병 수발을 드느라, 아이들을 키우느라, 하루하루가 강행군의 연속이었습니다.

점심을 굶고 냉수 한 그릇으로 목을 축이고 일하고는 했습니다. 사실 점심을 제대로 먹기 시작한 것도 얼마 안 된 일입니다. 하지만 이상하게 그 고생 중에도 남을 부러워하거나 원망하는 마음은 없었습니다.

다른 배우들이 점심을 먹을 시간이면 저는 집에 가서 아픈 남편의 식사를 챙겨 주고, 또다시 일하러 나가는 일상을 반복했습니다. 차비가 없어서 뛰어다닐 때도 많았습니다.

그러나 아무리 고생이 심해도 "내가 왜 이런 고생을 하는 걸까?" 하며 비관하지 않았습니다. 그렇게 비관하지 않는 마음이 하느님께서 저에게 주신 선물이라고 믿습니다.

지금도 그 시절을 생각하며 밥을 먹을 때면 "하느님, 너무 감사합니다."라는 기도가 저절로 나옵니다. 이제 매일같이 밥을 먹을 수 있게 되었으니 그저 감사할 따름입니다.

요즘에는 웬일인지 "하느님 사랑합니다."라는 말만 하면 주체할 수 없이 눈물이 흐릅니다. 하느님의 사랑을 맛본 저는 너무도 행복합니다.

2006년 11월 19일

김도균(바비 킴) 안토니오

이름: 김도균 생년월일: 1973년 1월 12일
직업: 가수 소속 그룹: 부가킹즈
주요 활동: 서울대교구 생명위원회 홍보대사(2005)
1집 〈고래의 꿈〉(2004), 2집 〈Follow your soul〉(2007), 3집 〈Heart & Soul〉(2010), 드라마 〈하얀거탑〉(2007) OST 등 발표

나는 왜 남들과 다를까?

어린 시절 저는 매사에 불만이 많고 반항하는 아이였습니다. 제가 그런 성격을 갖게 된 데에는 미국 생활의 영향이 컸던 것 같습니다.

제가 두 살 되던 해에 저희 가족은 미국으로 이민을 갔습니다. 트럼펫 연주자로 활약하셨던 아버지께서 당신의 음악 세계를 더 꽃피우고 싶어 하셨기 때문입니다. 그러나 미국 생활은 생각만큼 쉽지 않았습니다.

사람이 사는 곳이면 어디나 '다르다'는 이유 하나로 다름을 지닌 약자는 차별의 고통을 겪습니다. 미국에서의 생활이 그랬습니다. 백인이라고 모두 한국인을 차별하는 것은 아니었지만 아버지는 음악 분야에서, 누나와 저는 학교에서 힘든 생활을 했습니다.

  서로가 힘들다 보니 저희 가족은 모두 예민해졌고, 작은 일에도 자주 큰 소리를 내며 다투곤 했습니다. 저는 밖에서 남들과 다르게 보이지 않으려고 노력했지만, 집에 돌아오면 '나는 왜 남들과 다르게 생겼을까?' 하는 생각으로 잠을 이루지 못했습니다.

  하나뿐인 누나와도 매일같이 싸웠고, 어머니의 속도 많이 상하게 해 드렸습니다. 아마도 제 자신과 세상에 대한 화를 그런 방식으로 풀었던 것 같습니다.

  중학교 때는 학교에서 손꼽히는 트럼펫 연주자로도 활동했는데 아버지의 반대로 그만 두게 되었습니다. 고등학교 때에는 대학에서 스카우트 제의를 받을 만큼 야구를 잘했습니다. 포지션은 포수였는데, 미국인들보다 신체 조건이 열악했던 저로서는 몇 배의 노력이 필요했고, 이를 극복하지 못해 결국 운동을 포기했습니다.

그러나 가장 받아들이기 힘들었던 것은 이방인 취급을 받는 것이었습니다. 그렇게 심적으로 힘들어하는 저를 지켜 주신 분이 바로 어머니입니다.

어머니는 미국에서 공장 일을 하셨습니다. 그러다 보니 신체적으로도 피곤하고 문화 차이와 가족들에게 받는 스트레스로 많이 힘드셨던 것 같습니다. 그래서 함께 일하던 아주머니를 따라 개신교 교회에 다니셨습니다. 저와 누나도 어머니를 따라 함께 교회에 나갔습니다.

하지만 아버지는 우리가 교회에 나가는 것을 반대하셨습니다. 그래서 어머니는 고민을 하다가 천주교로 개종하셨습니다. 어머니는 시어머니, 곧 저의 친할머니께서 보여 주신, 아버지가 어릴 적에 복사를 서고 있는 사진을 기억하셨기 때문입니다. 천주교로 개종을 하면 아버지가 다시 신앙생활을 하게 될 것이라고 생각하셨답니다.

고단한 삶을 사시던 어머니는 하느님의 위로를 받았습니다. 저희에게 자세히 말씀하지는 않으셨지만, 하느님의 말씀을 직접 듣는 체험을 하신 것 같습니다. 그래서 하느님을 굳게 믿고 남편과 자식의 십자가까지 묵묵히 떠맡으셨습니다.

어머니의 그러한 희생으로, 사회에서 받는 차별로 인해 생긴 가족 간의 갈등이 심각해져 풍비박산이 날 뻔한 가정을 지키셨습니다.

지금도 어머니는 저의 든든한 후원자이십니다. 어머니는 정말 어려운 시기에 주님을 만났고, 주님께서 우리와 함께해 주셨기에 가족 모두가 그 어려웠던 시간을 견뎌낼 수 있었습니다. 어머니의 신앙을 통해서 저희는 주님을 알게 되었고 또 믿고 있습니다.

2007년 2월 5일

음악은 나의 소명

 1992년 어느 날, 저희 가족이 살고 있던 LA에 폭동이 일어났습니다. 많은 한인 교포들이 피해를 입었고 저희 가족 또한 마찬가지였습니다. 결국 부모님과 저는 미국 생활을 정리하고 빈손으로 한국에 돌아와 10평 남짓한 방에서 함께 생활하게 되었습니다.

 처음 한국에 돌아왔을 때 힘들었던 것은 경제적 문제뿐만 아니라 제가 또다시 이방인 취급을 받게 되었다는 것이었습니다. 어린 시절부터 미국에서 살아온 탓에 한국말이 서툴렀고 미국과 한국 문화의 차이에서 오는 불편함으로 한국 생활에 적응하기가 쉽지 않았습니다. 이렇게 제게 고난만 주시는 것 같은 하느님께 자꾸 불만이 생기고 화가 나서 일부러 성당에 나가지 않기도 했습니다.

한국에 돌아와서 미국에서 해 오던 힙합 음악을 고집하며 그룹으로 음악 활동을 했지만 별다른 주목은 받지 못했습니다. 당시만 해도 제 목소리는 대중의 호응을 끌어내지 못했습니다.

경제적으로 힘들었기에 영어 테이프 녹음과 드라마 엑스트라, 텔레비전의 유아 프로그램 영어 강사 등 할 수 있는 일은 닥치는 대로 모두 했습니다. 그러면서도 마음 한 구석에는 이 모든 경험이 제 인생에 큰 도움이 될 거라는 확신이 있었습니다.

지금 제가 카메라 앞에서 덜 긴장하고 조금 더 자연스러울 수 있는 것, 마이크로 노래하면서 호흡 조절을 쉽게 할 수 있는 것 등은 그때의 경험이 큰 밑거름이 되었기에 가능한 것 같습니다. 저는 이를 통해 살면서 경험한 것들은 반드시 어느 때에든 자신에게 도움이 된다는 사실을 확인했습니다.

음악을 시작할 때 누군가 제게 10년 동안 어려운 무명 시절을 겪어야 한다고 말해 줬다면 저는 노래를 하지 않았을지도 모릅니다. 그러나 음악을 좋아했고 노래를 부르면서 살아갈 힘을 얻었기 때문에 주어진 하루하루를 늘 열심히 살았습니다.

그렇게 시간이 흐르고 우여곡절 끝에 솔로 음반을 내게 되었습니다. 다행히 제 음악을 사랑해 주시는 분들이 점점 늘어나면서 인기를 얻게 됐습니다. 팬들로부터 제 노래를 통해 위안을 받는다는 말을 들을 때는 왠지 힘이 나고 자부심이 생기며, 음악인의 길을 택하기를 잘했다는 생각도 듭니다.

가끔 '내가 왜 음악인으로 살아가는가?'에 대해 곰곰이 생각해 봅니다. 물론 제가 하고 싶어서 선택한 길이지만, 단지 그것만이 아니라 이 길은 분명 하느님이 주신 소명인 것 같습니다. 지금까지 그리 쉽지 않은 삶을 살아왔는데, 이러한 경험에서 우러나오는 노래를 통해 힘들게 살아가는 이들을 위로하라는 뜻으로 말입니다.

그래서 어렵게 살았던 제 지난 삶에 대해 감사할 수 있습니다. 이방인의 아픔을 겪던 시간과 무명 시절에 제 자신과 싸우던 그 시간들은 너무나 소중한 체험이었습니다. 저는 감히 소망합니다. 제 노래가 인생을 포기하고 싶어 하는 이들의 마음을 치유하고, 그들 삶에 희망을 품을 수 있게 하는 도구가 되기를.

지금 정말 힘들고 어려운 시기를 보내는 분들이 있다면 인생을 절대 포기하지 말고 힘내라고 말해 주고 싶습니다. 용기를 잃지 않고 열심히 노력하면서 지금 이 순간을 잘 이겨 낸다면 멋진 미래가 당신을 향해 달려올 것입니다.

2007년 2월 11일

하느님의 천사

1995년 가을, 방송을 끝내고 이동하는데 갑자기 다리에 힘이 풀리고 식은땀이 나면서 하늘이 무너지는 듯한 느낌이 들었습니다. 몸도 제대로 움직이기 힘들고 숨쉬기조차 힘들었습니다. 지금도 그 순간을 생각하면 온몸에 소름이 돋을 정도이니, 그 당시에는 말로 표현하기조차 어려울 정도의 큰 충격이었습니다.

불현듯 '내가 지금 하느님께 벌을 받고 있구나.' 하는 불안함과 죽을 것 같은 두려움으로 괴로웠습니다. 몸과 마음이 너무나도 힘들었습니다. 간신히 집으로 가서 어머니께 기도

해 달라고 부탁드리며 하느님께 간절히 매달렸습니다. 어머니는 두려움에 떨고 있는 제 가슴에 손을 얹고 기도해 주셨습니다.

하지만 어머니가 기도해 주시고 시간이 흘러도 저는 여전히 그 공포에서 벗어나지 못했습니다. 그런 저에게 어머니는 집 건너편에 있는 성당에서 미사에 참례하라고 권하셨습니다. 미사 참례가 힘들면 그냥 주님 앞에 가만히 앉아라도 있어 보라는 어머니의 권유에 저는 못 이긴 척 성당에 갔습니다.

그때는 성당에 가면 누군가가 도와줄 것만 같았습니다. 미사가 거행되고 있었지만 저는 뒷자리에 앉아 그저 '빨리 이 고통에서 해방시켜 달라'고 하느님께 간절히 기도만 드렸습니다.

미사가 끝나고 집으로 가려는데 갑자기 여러 명의 학생들이 저에게 우르르 다가오더니 "우리 성가대에 들어오세요!" 하고 제안했습니다. 한국어도 서툴렀고 계속되는 공포감으로 인해 아무것도 하고 싶은 생각이 없던 저는 한마디로 딱 잘라 못한다고 말했습니다.

하지만 다음 주에도 또 그 다음 주에도 그 학생들은 미사를 마치고 나오는 제게 계속 성가대에 들어오라고 했습니다. 학생들이 그처럼 권유를 하면서 제 손을 붙잡을 때는 깜짝 놀라기까지 했습니다.

  마침내 저는 마지못해 '그래, 한번 해 보자.' 하는 마음으로 성가대 활동을 시작했습니다. 노래로 봉사 활동을 하고, 신부님의 부탁으로 작곡도 했습니다.

  성가대 활동을 하며 교우들과 친해졌고, 가슴 아팠던 경험에 대해 신부님과 상담하면서는 제 마음이 치유되는 것을 느꼈습니다. 이런 저를 보며 어머니는 옆에서 묵묵히 기도해 주셨습니다. 저는 이처럼 여러 사람의 도움으로 고통의 순간을 잘 버티고 이겨낼 수 있었습니다.

  그러면서 1년 넘게 저를 누르고 있던 공포감이 서서히 사라지기 시작했습니다. 저는 그때 저에게 손을 내민 성가대 학생들이 하느님께서 보내 주신 천사라고 확신합니다. 또한 정말 노래를 포기하려고 했을 때 진심으로 저를 격려해 준 선배와 친구들, 신부님을 비롯한 많은 분들도 하느님께서 제게 보내 주신 천사였습니다.

  한때는 '과연, 하느님이 정말 계실까?'라는 의문도 들었고

그분이 존재하심을 믿을 수 없었습니다. 하지만 지금은 하느님이 계심을 절실히 믿고 있습니다. 하느님은 눈에 보이지 않아 처음에는 그분의 존재하심을 믿기 어려웠지만 저를 도와주고 이끌어 주신 분들, 바로 천사들을 보면서 믿기 시작했습니다.

이제는 그분의 말씀을 들을 수 있고 제 곁에 아주 가까이 계시다고 고백합니다. 바쁘다는 핑계로 미사에 자주 참례하지 못하지만, 주님을 믿는 신앙인으로서 주님이 주시는 길을 피할 수 없다는 것을 잘 알기에 그분 뜻에 따르려고 노력할 것입니다.

2007년 2월 18일

저마다의 상처를 가진
아픈 이들을 낫게 하신다

    인생을 이야기하기에는 제 나이가 아직 어리다고 할 수 있지만, 저의 지난 삶을 돌아보면 마음 한 구석에 남아 있는 것이 하나 있습니다. 바로 이방인으로서 살아가야 했던 시간의 제 모습입니다.

    저는 미국에서 남들과 다른 외모 때문에 많은 어려움을 겪었습니다. 그래서 한국에 돌아오면 그런 생활에서 벗어날 수 있을 것이란 기대감이 있었습니다. 하지만 제가 한국에 돌아왔을 때 사람들은 여전히 저를 이방인으로 바라봤습니다. 현재 우리나라는 미국에서 살다 온 사람들을 선호하는 경향이 있지만, 당시만 해도 마음으로는 동경하면서도 겉으로는 냉대하는 분위기였습니다.

저를 이방인처럼 대하는 사람들을 만날 때면 너무나 화가 났습니다. '왜 나는 이런 차별을 계속 당해야만 하나?' 저는 이런 상황을 받아들일 수 없었습니다. 그래서 한동안 방 안에서만 지내며 밖으로 나오지 않기도 했습니다.

처음 한국에 돌아왔을 때 느꼈던 아픔들이 이제는 많이 사라졌습니다. 미국에서 살면서 배웠던 좋은 점과 한국인으로 살면서 갖게 된 좋은 점만을 잘 간직하며 살기로 결심했기 때문입니다.

우리나라 사람들은 참 정이 많습니다. 한국으로 돌아와서 그 점이 참 좋았고 감동하기도 했지만, 때로는 공과 사를 구분해야 할 때 이 점이 문제가 되기도 했습니다. 반면 미국적인 사고에서는 공과 사를 너무나 분명하게 구분하지만, 그런 점에서 인간미는 부족합니다.

하지만 저는 이 두 가지 정서에 모두 공감할 수 있기 때문에 살아가는 데 도움이 될 때가 많습니다. 그래서 지금은 두

지역에서 살게 된 것에 대해 감사하게 됐습니다.

당시에는 너무나 힘들어서 왜 이런 고통을 주시냐고 하느님께 따져 묻기도 했지만, 지금은 그 모든 것이 하느님의 섭리였다고 받아들일 수 있게 되었습니다. 인생의 쓰라린 경험은 저를 조금 더 겸손한 사람이 되도록 합니다. 사회생활을 하다 보면 서로 불편한 관계가 되는 사람들도 있지만 그 사람들을 무시하거나 미워하지 않으려고 노력합니다. 그리고 이런 마음을 계속 지닐 수 있게 해 달라고 기도합니다.

제가 겪었던 예전의 아픈 경험은 저로 하여금 사회에서 소외받는 사람들, 즉 힘없고 약한 사람들을 기억하게 합니다. 정신적으로 약한 사람들, 이주 노동자들, 장애인들 등 그들이 겪는 차별의 고통을 조금은 이해할 뿐만 아니라 그들에게 힘이 될 수 있기를 바라는 마음도 큽니다. 그래서 저의 노래를 통해서 소외된 많은 사람들을 위로할 수 있기를 소망합니다. 아직은 많이 부족하지만 제가 그런 분들을 위해 무언가 도움이 되었으면 좋겠습니다.

하느님은 참 자비로우신 분입니다. 제가 받은 상처를 치유해 주시고 그 상처가 다른 아픈 이들을 낫게 하는 도구가 되게 하시니 말입니다. 노래하는 탈렌트를 주시어 저를 주님의 자비를 전하는 사도로 파견하시는 주님! 감사합니다.

2007년 2월 25일

이인혜 데레사

생년월일: 1981년 2월 21일
직업: 탤런트, 한국방송예술진흥원 방송연예연기예술학부 겸임 교수
주요 활동: 천주교 문래동 성당 주일 학교 교사(2002~2006) 활동
자기 계발서 《이인혜의 꿈이 무엇이든 공부가 기본이다》(2010) 출간
드라마 〈쾌걸춘향〉(2005), 〈황진이〉(2006), 〈전우〉(2010), 〈광개토대왕〉(2011) 등 출연

채워 주시는 예수님

며칠 전 걸려 온 전화 한 통…….

초등부 연합회 신부님의 전화였는데, 연합회의 30주년을 기념하는 축하 인사를 부탁하기 위해 신부님께서 직접 전화를 하신 것이었습니다. 5년 전 제가 주일 학교 교사를 할 때의 이야기를 주고받으며 그때의 추억에 빠져, 전화하시는 신부님과는 처음 통화하는 것임에도 불구하고 너무도 능청스럽게 한참을 통화했습니다. 지금 생각해 보니 참 민망하기도 합니다.

4년을 훌쩍 넘겼던 교사 생활…….

사실 저에게 초등부 교사로 활동했던 기간은 참 의미가 깊습니다. 저는 고등학교 3학년 때 엄마의 권유로 뒤늦게 성당을 다니기 시작했습니다. 하지만 저는 세례를 받기 위해 대충 교리 시간을 채웠고, 신부님 면담 때 순간 암기력을 발휘해 눈치껏 기도문을 외워 통과한 얼렁뚱땅 신자였습니다.

단 1분의 잠이라도 황금같이 느껴졌던 고등학교 3학년 때 아침 미사에 참석한다는 것은 힘든 일이었고, 잠이 덜 깬 제 머리에 들어오는 신부님의 강론은 잔잔한 자장가 같았습니다. 그렇지만 한편으로는, 저에게 성당은 대입 시험에 대한 불안한 마음을 달래 주는 안정제이기도 했습니다.

대학에 합격한 뒤, 어느 날부터인가 이 과분한 합격의 행운에 대한 고마움을 베풂을 통해 돌려드려야겠다는 생각이 들기 시작했습니다. 그 당시에 저는 〈TV유치원〉 MC인 '하나 언니'로 활동하고 있었습니다. 이를 이용해서 유치부 아이들에게 도움을 줄 수 있겠다는 생각이 들었습니다.

아이들을 워낙 좋아하기도 했지만, 베풀고자 하는 마음이 주主가 된, 하지만 저만의 착각이었던 교사 생활이 시작되었습니다. 역시 생각만큼 쉬운 일은 아니었습니다. 초등학교

주일 학교 교사로 활동하던 시기(가운데 왼쪽 밀짚모자 쓴 이가 이인혜).

때 일주일에 한 번 정도 하던 양로원 봉사와는 다르게, 초등부 교사들은 매주 초등부 미사 참석은 물론이며 미사를 위한 회의, 시도 때도 없는 만들기 작업과 시즌별로 있는 행사 준비로 많은 시간을 교사 활동에 봉헌해야만 했습니다.

학교생활과 방송 활동을 병행해야 했던 저에겐 더더욱 어려운 일이었습니다. 게다가 학년별로 담임을 맡아 교리를 가르치고 한 달에 한 번 교육도 받아야 했고, 저 한 명이 빠지면 한 학년의 아이들이 피해를 보기에 막중한 책임감도 뒤따랐습니다.

그런데 제가 그 오랜 기간 교사를 하며 일곱 개의 드라마

주일 학교 교사로 활동하던 시기(가장 왼쪽).

를 하고 거기에 초등부 부교감과 교감이라는 막대한 감투까지 썼었다니……. 지금 생각해 봐도 참 신기하기만 합니다.

　이때를 생각하면, 빵 다섯 개와 물고기 두 마리로 모두를 배불리 먹이셨던 예수님의 모습이 떠오릅니다. 봉사까지 하기엔 턱없이 부족했던 시간. 그러나 시간을 쪼개어 사용하다 보면 어느새 기도 시간까지 남아 있는 놀라움…….

　하느님께서는 보잘것없는 저를 이처럼 사랑하셔서 시간을 잘 활용할 수 있는 지혜를 주셨습니다. 하느님의 품 안에서는 걱정하지 않아도 모든 것을 다 해결해 주시는 것을, 하느님만 믿고 의지하면 되는 것을…….

가끔 스스로의 잣대로 여유를 따져보고는 시간이 없다고 말하는 친구들에게 제 이야기를 들려주며 이렇게 말하곤 합니다. "여유가 있을 때 성당에 가겠다고, 봉사를 하겠다고 미루다 보면 평생 할 수 없어. 부족하더라도 일단 시작해. 그러면 예수님께서 다 채워 주시더라……."

2010년 3월 14일

하느님과의 만남

 마음을 다스리는 수행의 시기! 저는 사순 시기가 다가오면 어머니가 세례를 받으시던 때가 떠오릅니다. 아마도 제가 어머니의 손에 이끌려 성당에 처음 오게 된 이유 중 하나도, 어머니가 세례를 받으시도록 하느님께서 베푸신 큰 은총의 기적이 제 마음을 이끌었기 때문일 것입니다.

 어머니가 예비자 교리를 받고 7년 만에 세례를 받게 된 것은 하느님의 선택이자, 성모님 은총의 기적이라고 저는 믿습니다. 어머니는 성당에 나가고 싶어서 아버지 몰래 낮에 하는 교리반에 들어가 교리만 들으셨습니다. 물론 주일 미사는 참석하지 못하신 채…….

　아버지 몰래 교리 공부를 끝내셨지만, 아버지의 뜻을 하나도 어기지 않고 살아오신 어머니는 아버지의 반대 때문에 주일에 하는 세례식에 참석할 수 없으셨습니다. 그래서 어머니는 마음으로만 예수님께 의지하고 성모님과 대화하며 그렇게 숨어서 신앙을 키우셨습니다.

　기적이 일어난 것은 어머니가 교리 공부를 끝내고 7년이 지난 어느 날 성당에 다니는 이웃 아주머니가 오셔서 입교를 권유하시면서였습니다.

　어머니는 7년 전에 교리를 받은 출석표를 보여 주시면서 그 아주머니에게 그간의 자초지종을 이야기하게 되셨고, 아주머니는 성당 수녀님께 이 말씀을 드리게 되셨습니다. 오랜 기간 동안 교리 출석표를 가지고 계셨던 터라 수녀님께서 교리를 받은 것을 인정해 주시고 종합 교리 시간 3일만 밤에 나와 교리를 받으라고 통보하셨지만 밤에 나가실 수가 없으셨던 어머니는 그냥 이틀을 보내셨습니다.

　그리고 마지막 날 아침 아버지가 출근하고 얼마 지나지 않

어머니와 함께.

아, 어머니는 화장실에서 나오시다 문 앞에서 쓰러지셨습니다. 마침 오빠가 개교기념일이라 집에 있다가 어머니를 발견하고 아버지에게 연락을 드렸고, 어머니는 응급실로 실려 가셨습니다.

아무 이상 없이 잠시 기절했던 것이어서 응급 처치를 받고 곧 정신을 차리셨는데, 어머니는 깨어나시면서 아버지에게 성당에 나가게 해 달라고, 하느님과 약속했다고 용감하게 말씀하셨습니다.

평소 같으면 그런 용기를 낼 생각조차 못하실 어머니였습니다. 그러니 그것은 하느님께서 어머니를 선택하셔서 기적과 은총과 용기를 주시고, 어머니가 하느님과의 약속을 지키게 해 주신 것이 아닐까요?

어쨌든 그 말을 들으신 아버지는 "죽을 만큼 다니고 싶다는데 어쩌겠냐." 하며 허락을 하셨습니다.

그렇게 어머니는 죽음의 고통을 겪으신 후 세례를 받으셨습니다. 성당에 나가 교리를 받고 싶어 이틀간 끙끙대신 마음의 고통을 하느님은 알고 계셨던 것입니다. 그리고 하느님을 사랑하는 마음이 크다는 것을 읽으신 것입니다. 그 일이 있은 후 저는 하느님의 기적을 믿게 됐고 또한 기도의 힘도 믿고 있습니다.

삶은 도전이라고들 합니다. 그러나 삶에서 권력과 재력, 명예에 집착하는 것보다 하느님과의 영적 만남을 통한 회개, 보속, 희생의 삶 속에서 얻어지는 그 꿀맛을 더 달고 값지게 여기는 것. 그리고 영성적으로 깨어나서 기도하는 삶. 이 모든 것 뒤에 얻어지는 행복이 참행복은 아닐까요?

2010년 3월 21일

예수님과의 일대일 면담

몇 해 전 이맘때, 조용한 성당 안 예수님 앞에서 "엉엉" 소리 내며 운 적이 있습니다. 제 뜻대로 되는 일 없이 마음 아픈 일만 일어나고, 상처만 받고, 주위에 아무도 없는 것 같았던 외로운 마음이었습니다. '너무 늦었다, 능력이 없다.'라는 두려움과 함께 미래의 전망이나 희망이 전혀 보이지 않았지요. 예수님 앞에 무릎 꿇고 두 손 모아 기도드리다가 하소연이 나왔습니다. 그리고 그런 푸념을 늘어놓다 보니 용서의 눈물, 회개의 눈물, 그리고 은총의 눈물이 하염없이 흘렀습니다.

제가 이런 고통과 싸우게 될 때마다 예수님을 찾는 이유는, '아니다. 넌 일어설 수 있다. 넌 더 멀리, 더 높이 날 수 있고 더 강해질 수 있다.'라고 말씀해 주시는 예수님께 용기와 치유의 힘을 얻고자 함입니다. 그럴 때마다 예수님은 주십니다. 현실에서 제게 필요한 만큼의 힘만을요. 그러면 전 또 그 이상은 주시지 않는 예수님을 원망하기도 했습니다. 하지만 결국 제 자신을 알게 해 주시는 예수님께 감사합니다. 넘치지도 모자라지도 않게 늘 알맞게 채워 주심으로써 겸손도 배우게 해 주시는 예수님께요.

사실 연기자는 대중에게 보여지는 직업이므로 공인이란 이름값을 해야 한다고 생각합니다. 저를 보고 간혹 내숭녀라고 오해하는 분들도 있는데, 저도 사람인지라 화도 나고, 슬프기도 하고, 상처도 받는답니다. 그럴 때 각자가 가진 해소 방법의 차이에 대한 이해가 달라 저에게 내숭이라는 별명을 붙이는 분들이 있지만, 저의 해소법은 예수님께 달려가는 것입니다.

사람들은 보통 스트레스를 받으면 술, 수다, 음주 가무로 푼다고 하는데 저는 신앙으로 해소(?)합니다. 고통도 시련도 경험이기에 그 순간의 기억을 지우려 하지 않고 받아들이려는 마음을 갖고, 그 고통을 이길 수 있도록 지혜와 힘을 달라고 예수님께 간구합니다. 그럴 때마다 신앙은 저를 성숙시키고 도약하는 길을 열어 줍니다.

고민을 아무에게나 말할 수 없고, 행동을 함부로 할 수 없는 연기자이기에 직업에서 얻게 되는 스트레스를 예수님과 단둘이 앉아 조근조근 터놓고 말할 수 있는 신앙이 있음에 감사합니다. 이 대화로 힘든 상황들을 잊으려 발버둥치지 않고 받아들여, 저를 성숙하게 만드는 계기로 전환시키고 제어할 수 있는 힘을 얻습니다. 지금 겪고 있는 고통과 스트레스가 끝이 안 보이고 깜깜한 어둠 속에 있는 것처럼 느껴지더라도 언젠가는 치유해 주실 거라는 믿음을 가지고 있다면 놀라운 기적 또한 체험하게 해 주십니다.

고민과 고충, 스트레스를 해소하는 저만의 방법, 예수님과의 일대일 면담! 그 방법은 명품 중의 명품 해소법입니다.

이런 저를 이해하지 못하는 이들에게 몸 망가지지 않고, 정신 흐트러지지 않고, 내일 후회하지 않게 될, 신앙을 가지라고 권합니다. 제 곁에 계신 예수님은 진솔하게 그리고 자신을 낮추어 다가가면 아끼지 않고 언제나 채워 주시는 멋쟁이에 세련된 멘토시니까요.

2010년 3월 28월

강인봉 베네딕토
생년월일: 1966년 1월 23일
직업: 가수 소속 그룹: 나무자전거
주요 활동: 서울대교구 생명위원회 홍보대사(2008)
생명 프로젝트 앨범 〈생명, 사랑해 기억해〉(2009) 참여, 생활 성가 음반 〈그대를 사랑해〉(2006), 〈이제와 영원히〉(2008) 등 발표

재기에 성공하는 사람들

"예수님의 부활을 축하합니다!"

이는 부활 대축일 내내 우리 모두가 기쁜 마음으로 주고받을 인사지요. 어린이들은 '선물 받는 날'로 자리매김한 성탄절을 더욱 기다리겠지만, 어른들에게는 부활이야말로 우리 미약한 믿음에 뿌리가 되는 사건이자, 신비요, 은총이지요.

부활 대축일 미사를 마치고 성당 문밖으로 나서면 예쁜 부활 달걀이 우리를 기다리고 있을 겁니다. 대부분 주일 학교 학생이나 교사, 어머님들이 정성껏 삶고 그려서 포장해 놓은 달걀이지요.

가격은 만만치 않습니다만, 뭐 좀 비싼들 어떻습니까? 어차피 달걀 값이라기보다는 아무 생명이 없는 듯 보이던 달걀에서 병아리가 탄생하듯 죽음에서 부활하신 예수님을 기리기 위해 만들어진 것이니까요. 또한 늘 빡빡한 예산으로 고군분투하는 주일 학교나 교회 안의 각종 신심 단체에 이런 기회를 빌려 한번쯤 작은 도움의 손길을 내민다고 생각하면 될 일 아닐까요?

조금 식상한 우스갯소리 중에 이런 이야기가 있습니다. 용서받고 구원받기 위해 가장 먼저 해야 할 일은 죄를 짓는 것이라는 거죠. 논리상으로는 별로 문제가 없습니다만 어째 쓴 웃음이 나오는 유머가 아닐 수 없습니다. 하지만 이 이야기를 '부활'이라는 초점에서 바라보면 이보다 더 정확한 이야기도 없습니다. 부활을 위한 가장 중요한 전제 조건은 바로 죽음입니다. 죽은 척하거나, 거의 죽다 사는 정도로는 부활 신앙 자체가 성립되지 않으니까요.

엔터테인먼트 사업을 하는 사람들이 가장 어렵게 생각하는 일이 바로 '죽은 자식 다시 살리기'입니다. 차라리 신인을 발굴해 인기인으로 키워 내는 게 예산도 덜 들고 힘도 덜 든다는 거지요. 일단 스타덤에 올랐던 사람들은 자신이 내리막을 걷고 있거나 이미 바닥으로 내려앉았다는 사실을 인정하지 않으려 합니다. 그러다 보니 데뷔 때의 첫 마음으로 열심히 활동하기를 기대하기 어렵다는 겁니다.

하지만 매년 적은 숫자라도 재기에 성공하는 사람들은 있기 마련입니다. 그들의 성공에는 다양한 이유가 있겠지만, 잘 나가던 때의 자신이 아님을 인정하고 새로운 각오로 활동을 재개했다는 공통점이 있습니다. 이처럼 자신의 죽음을 받아들였을 때 부활의 길이 열리는 것이고, 그것이 바로 죽어야 사는 이치인 것입니다.

음악, 연기, 체육 등 각 분야에서는 매년 다양한 시상식을 열어서 사람들의 성과를 치하합니다. 어떤 부문도 더하고 덜함이 없이 다 영광스러운 수상이겠지만 저는 늘 '올해의 재기' 부문에 주목합니다. 재기를 한 이들의 성과에는 자신의 분야에서 이뤄 낸 것에 스스로 죽음을 받아들이는 용기까지 포함되어 있기 때문입니다. 하루하루 죽음을 향해 나아가는 오늘, 하루하루 부활도 다가옴을 알 수 있으면 좋겠습니다. 부활을 진심으로 축하드립니다.

2009년 4월 12일

슈퍼스타

삶을 살아가는 데 누구에게나 '빵' 외에 다른 무언가가 필요합니다. 자신이 살아 있음을 느끼게 해 주는 이유와 보람 등 생명만큼이나 소중한 가치를 추구하며 살아가는 것이 일반적인 사람들이 삶을 영위하는 데 필요한 '무엇'이겠지요. 특히 가수나 연기자 같은 연예인의 경우 대중들의 박수와 환호는 그들의 삶까지도 좌지우지할 수 있는 소중한 그 '무엇'입니다. 제가 만들고 부르는 노래와 이야기 하나하나에 울고 웃어 주며 부모나 형제자매 이상으로 저를 걱정해 주고 잘되기를 빌어 주는 팬들에게 더없는 애틋함과 책임감까지도 느끼게 됩니다. 몸이 아파 도저히 움직이지 못할 지경이었을 때에도 마치 홀린 듯 무대 위에서 노래한 적이 많으니까요. 하지만 그 순간의 박수와 환호가 얼마나 지속될지는 아무도 모릅니다. 오히려 최고의 인기를 누리는 순간은 바로 내리막을 예고한다는 것을 많은 이들이 깨닫지 못합니다.

누군가 나를 좋아하고 따라 준다는 사실, 그리고 나의 노래와 행동이 다른 사람에게 영향을 끼친다는 사실은 부담스러우면서도 그 부담만큼 뿌듯하게 느껴집니다. 그런데 영향이라는 것이 권력이든 재력이든 또는 인기든 한번 그 맛을 보면 절대 놓치고 싶지 않게 됩니다.

그래서 많은 사람들이 다른 이들의 인정을 받기 위해 몹시 애를 쓰고, 한번 인정을 받게 되면 그것을 지속하기 위해 무리한 일도 아무렇지 않게 저지릅니다. 시작은 참으로 아름답고 훌륭했던 많은 일들과 사람들이, 마지막에 가서는 추하게 변하고 부끄러운 모습으로 끝나는 경우를 종종 보게 되는 것도 결국 이런 욕심 때문이겠지요.

예루살렘에 입성하신 예수님의 모습은 소위 '월드 스타'의 모습입니다. 소문만으로 예수님을 흠모하고 추종해 왔던 많은 사람들이 막대풍선 대신 팔마 가지를 흔들며 열렬히 예수님을 환영합니다. 그분의 얼굴을 단 한 번이라도 뵙고 싶어서 지붕 위에도 올라가고 나뭇가지에 매달리기도 합니다. 여느 유명인의 인기와 비교해 봐도 손색없을 '스타' 예수님의 인기를 느껴 볼 수 있습니다.

하지만 불과 일주일 후 예수님의 인기는 바닥으로 곤두박질칩니다. 사람들은 그분을 환영하던 바로 그 손과 입으로 예수님을 십자가에 못 박으라고 소리치고 돌팔매질합니다.

그래도 예수님은 꿋꿋하십니다. 인기에 연연하셨다면 얼마든지 대중의 인기를 회복할 방법이 많았음에도 불구하고 자신이 해야 할 일, 가야 할 길을 향해 그저 한 걸음 한 걸음 나아가셨습니다. 그래서 2000년이 지난 오늘 전 세계에서 가장 많은 팬을 거느린 '슈퍼스타'가 되셨습니다.

주목받고 싶어 하는 것이 인간의 본성인지도 모릅니다. 그래서 남들보다 돋보이려고, 큰 소리를 내려고 노력합니다. 하지만 순간의 관심은 곧 사그라지고 맙니다. 마치 오늘의 성지聖枝가 내년 사순 시기에 재로 변하듯이…….

2009년 4월 5일

도와주기

우리말 중에서 가장 아름다운 말이 '도와주기'라고 합니다. 아무 대가 없이 누군가에게 도움의 손길을 내미는 것은 그 자체만으로도 자기 자신과 이웃, 나아가 세상을 아름답게 만들어 줍니다. 그래서 교회 안에는 각종 봉사 단체가 많이 활동하고 있고, 이들은 어렵고 힘든 가운데에도 사랑을 실천하기 위해 땀을 흘립니다.

저도 기회가 될 때마다 가난하고 외로운 분들에게 제 노래로 기쁨과 위안을 드리려고 노력합니다. 하지만 '봉사'라는 말이 조금 어색하게 느껴질 때가 많습니다. 왜냐하면 이웃을 돕는 행동은 사실 자기 자신을 위한 일이기 때문입니다. 자신의 시간이나 돈, 힘을 나누어 이웃과 함께할 때 느끼는 기쁨, 누군가를 도와주면서 느끼는 보람은 그 무엇과도 바꿀 수 없을 만큼 소중하게 느껴지기 마련입니다.

"서로 사랑하세요."

고故 김수환 추기경님께서 마지막으로 남기신 말씀입니다. 굳이 그 말씀이 아니라 하더라도 '사랑'이 우리 신앙의 기본임을 누구나 알고 있습니다.

그러나 어떻게 그 사랑을 실천해야 하는지는 잘 모르는 경우가 종종 있습니다. 나 자신도 어려운데 어떻게 이웃과 나누라는 것인지, 무조건 내가 아닌 다른 사람들을 위한 이타적인 삶을 살라는 것인지, 그러면 내 가족이나 친지들은 돌보지 말라는 것인지 도무지 이해가 되지 않는 이야기일 수도 있습니다.

사실 자본주의 사회의 기본 개념이 열심히 일해서 돈도 많이 벌고 잘 먹고 잘살자는 것인 만큼 아무런 금전적 대가가 없는 사랑의 실천이란 조금은 어리석어 보이는 일이기도 합니다.

하지만 어떤 일을 했을 때에 주어지는 대가가 꼭 물질적인 것만은 아니라고 생각한다면 '도와주기'야말로 가장 이득이 많은, 훌륭한 장사임을 알 수 있습니다.

서로 사랑하고 누군가를 돕는 일은 무척 어렵고 거룩한 일이거나, 특별한 사람만이 할 수 있는 그런 일이 아닙니다. 우리 모두가 하루하루 살아가며 부족한 작은 부분을 하나씩 채워 나가면 되는 아주 쉬운 일입니다. 다른 사람을 사랑하기 어렵다면 먼저 자기 자신을 사랑하면 됩니다. 나 자신도 사랑하지 못하면서 어떻게 다른 이를 사랑하겠습니까? 자신의 마음을 가장 흡족하게 만드는 행동을 함으로써 사랑스러운 '나'를 기쁘게 해 주면, 그것이 나를 사랑하는 거지요.

많은 재물로도, 사회적인 성공이나 인기로도 만족을 느끼지 못하는 게 사람 마음입니다. 뭔가 부족하고 더 가져야 할 것 같아 보입니다. 하지만 우리는 가지면 가질수록 불만이 더욱 커져 갑니다. 그럴 때 불만투성이인 자기 자신을 만족시켜 주는 것이 바로 나눔과 사랑입니다. 지금 당장 누군가를 '도와'주시면 이 이야기가 거짓이 아님을 아실 수 있을 것입니다.

2009년 4월 19일

어린이처럼

어린이 미사는 늘 번잡하고 시끄럽습니다. 사실, 제아무리 참을성이 많은 어린이라도 한 시간 정도의 미사 시간 내내 신부님께 집중하며 조용히 기도하는 마음을 갖는다는 건 거의 기적에 가까운 일이겠죠(물론 어른의 경우도 별로 다를 게 없겠지만……).

더욱이 어린이 미사가 주일 아침 일찍 있는 본당의 경우에는 늘 미사 끝날 때에는 시작할 때보다 사람이 두 배 이상 많아지기 마련입니다. 왔다 갔다 떠들고, 때로는 싸우고, 휴대전화나 장난감을 갖고 노는 어린이도 종종 발견됩니다. 그러다 보니 미사 중에 벌 받는 어린이도 생기고, 신부님께서도 한두 번쯤은 화난 목소리로 꾸중을 하셔야 겨우 미사를 무사히 마칠 수 있습니다. 매 주일 아침마다 한바탕 전쟁을 치르는 셈이지요.

어떤 분들은 주일 학교 교사들이 너무 통제를 못한다고 혹은 신부님의 권위가 떨어졌다고 걱정을 하십니다. "우리 어릴 때는 안 이랬어."라는 상투적인 말로 어린이들을 꾸짖기도 하십니다.

하지만 저는 개인적으로 시끄러운 어린이 미사를 무척 좋아합니다. 성당을 놀이터 정도로 생각하는 어린이들이 무척 부럽기조차 할 정도입니다. 늦잠도 자고 컴퓨터도 좀 해야 하고 친구들과 재미있게 놀아야 하는 주일날, 아침 일찍부터 성당에 나와 성가 연습을 하며 까르르 웃고 뛰어다니는 어린이들의 모습을 보면 기특하기도 합니다. 그리고 과연 나는 어떤 마음으로 성당에 나와 있는지 다시 생각하게 됩니다. 주일 미사 참례가 신자의 의무라서? 또는 나름대로의 책임감이나 주변 교우들과의 관계나 다른 사람들에게 평가받는 신앙인으로서의 체면 때문은 아닌지 반성해 보곤 합니다.

거룩함과 기쁨, 경건함과 즐거움은 서로 반대말이 아닙니다. 물론 신자로서의 기본적인 예절은 당연히 갖추어야 하고 묵상과 기도가 신앙생활의 가장 큰 뿌리임에는 틀림없습니다. 그러나 성당에서의 즐거움과 재미를 찾는 일 또한 무척 중요하다고 생각합니다. '그곳에 가면 뭔가 신나고 재미있는 일이 생길 것 같은 곳'이 바로 성당이 될 수 있도록 만들고 싶다던 어느 신부님의 말씀처럼, 가야만 한다는 의무감보다는 가고 싶다는 기대감이나 기다림으로 성당을 향할 수 있다면 얼마나 좋을까요?

아무리 나이가 든 사람도 부모님 앞에서는 늘 철없는 자식이듯이 주님 보시기에 저희는 늘 돌보고 가르쳐야 할, 부족하지만 귀여운 어린이가 아니겠습니까?

시골 외할머니 댁을 찾아가듯, 오랫동안 떠나왔던 고향 부모님을 찾아뵙듯, 주일날 성당을 향하는 발걸음이 늘 경쾌하고 설레기를 바랍니다.

미사 시간에 웃고 떠들고 그러다 야단도 맞고 그러면서도 다음 주 미사에 열심히 웃고 떠들러 나오는 어린이들처럼 뭐 재미있는 일 좀 없나 하며 반짝이는 눈빛으로 미사를 드릴 수 있으면 좋겠습니다.

2009년 4월 26일

류시현 데레사

직업: 방송인
주요 활동: 장애인 고용촉진 홍보대사(2005~)
평화방송 〈퀴즈! 교리여행〉(1999), 〈출동! 사랑의 봉사대〉(2003), KBS 〈연예가중계〉(1999~2005), MBC 라디오 〈FM 좋은 아침〉(2005), 〈류시현의 뷰티풀 선데이〉(2011) 등 진행

하느님, 고맙습니다

초등학교 2학년 늦가을쯤으로 기억합니다. 저는 매주 토요일마다 주일 학교에 다니고 있었는데, 어느 날인가 어린이 미사에서 전례 봉사할 사람을 뽑는다는 것이었습니다. 보통은 5~6학년 언니들이 맡아서 하는 것이었는데 그때는 어떤 연유에서였는지 2학년인 저에게까지 테스트 기회가 주어졌습니다.

테스트란 것이 지금 생각하면 그리 특별한 것은 아니었죠. 전례의 한 부분을 읽어 보고 복음 환호송(그 당시 어린이 미사책에는 알렐루야로 되어 있었을 거예요.) 솔로 부분을 불러 보는 것 등이 있었는데, 왜 그때 다른 친구들은 "……했~습니다."라고 '습니다.' 앞을 길게 늘여서 읽었는지…….

또박또박 잘 읽는다며 저학년임에도 불구하고 제가 전례를 맡게 되었죠. 그래서 그때부터 6학년까지 참 오랜 시간 동안 어린이 미사 전례 주송을 했습니다. 사실 그때는 매주 토요일마다 친구들의 생일 파티나 모임에서 친구들과 함께 놀 수 있는 기회를 놓친다는 것이 굉장히 속상했지만 '토요일엔 꼭 성당에 가야만 하는 것'이란 부모님의 말씀과, 맡은 일에 대한 책임감이 저를 매주 성당으로 이끄는 힘이었던 것 같습니다.

제가 고등학생이 되자, 어머니는 꼭 저를 데리고 매주 일요일 새벽 미사에 가셨습니다. 다른 어떤 미사보다도 새벽 미사가 은총이 충만하다는(?) 이유 때문이었습니다.

잠이 덜 깬 저를 데리고 성당에 가셔서 항상 맨 앞줄에 앉으셨기에, 바로 코앞에서 강론을 하고 계시는 신부님 앞에서 강론의 내용과 상관없이 꾸벅꾸벅 목례를 하고 있는 제 모습은 정말 가관이었을 겁니다. 신부님……, 죄송합니다.

그때는 그랬습니다. 그래도 은총을 많이 받고 싶은 욕심에 엄마의 손에 이끌려 성당에 갔습니다.

대학에 들어가자 성당이란 곳은 그저 일주일에 한 번 가야만 하는 곳이 되어 버렸습니다. 가기 싫어도 부모님과 가야만 하는 곳이니까 가야 했고, 성당에서 제게 즐거움이 되는 일은 그저 성가를 목청껏 부르는 일이었다고나 할까요.

다행히 부모님께서 바라시는 대로 성당에서 결혼식을 올리고 성가정을 이루고 나니, 이제 예전처럼 성당에 가야만 할 이유들이 없어졌습니다. 맡은 일이 없으니 책임감도 없고, 은총을 더 많이 받아야겠다는 욕심도 사라졌고, 결혼해서 살다 보니 부모님의 채근도 없어졌습니다.

그런데 그 어떤 때보다도 성당에 나가고 싶은 마음이 드는 것은 왜일까요……. 곰곰이 생각해 보니 그것은 주님께 느끼는 '감사' 때문이었습니다. 주님을 위해 한 일도 없고 그저 철

없는 아이처럼 살아온 제게 베풀어 주신 내리사랑 같은 은혜……. 주님, 고맙습니다. 그리고 사랑합니다.

2010년 7월 11일

가장 소중한 선물

저희 시아버님은 현재 치매를 앓고 계십니다. 제가 5년 전 결혼할 당시만 해도 사람들의 이름이 기억나지 않고 사물의 이름을 잊어 가는 정도였는데, 이제는 아들딸을 인지하시는 것도 오락가락하시고, 사람들이 하는 말을 이해하지 못하셔서 의사소통이 아주 어려운 정도입니다. 언제부터인가는 미각도 잃어버려서 맛을 잘 모르시는데도 식사 때에는 물이 맛없다며 맛있는 물(사이다)이 있어야만 식사를 하십니다.

결혼 초기 시부모님과 함께 자동차를 타고 가던 중에 아버님께서 콘솔 박스에서 캔 음료를 하나 꺼내 제게 건네주셨습니다. 어머님이 그 장면을 보시고는, 아버님께서 늘 차 안에 음료수를 몇 개씩 보관하시는데 어찌나 아끼시는지 늘 아버님만 드시고 다른 사람은 손도 못 대게 하신다고 말씀하셨습니다. 아마도 갓 시집온 며느리가 예뻐서 특별히 주셨나 봅니다.

저희 집에는 아흔이 넘으신 시할머니가 계십니다. 저희 아버님은 하루가 멀다 하고 전화하시고 늘 보고 싶다고 찾으실 정도로 당신 어머니에 대한 애정이 각별하신 분이셨죠.

그런데 그런 아버님도 몹쓸 병 앞에서는 어쩔 수 없나 봅니다. 지난 1월 1일에는 그렇게 좋아하시는 어머니와 얼굴을 맞대고도 누군지 몰라보시고, 못 본 체 뒤돌아 앉만 계시다가 집에 가자고 일어나 나오신 겁니다.

하지만 지난 설날에는 조금 달랐습니다. 양손을 주머니에 깊숙이 넣으신 채로 할머니께 다가가서 조금 살피시더니 대뜸 하시는 말씀이 "당신 누구야? 이름이 뭐야?"였습니다. 도대체 할머니가 누군지 몰라서 물으시는 건지, 아니면 알아보셨기 때문에 물으시는 건지 알 수 없는 상황이었습니다.

조금 어리둥절하시긴 했지만 할머니께서는 "김회남, 김회

남이야."라고 또박또박 말씀해 주셨습니다.

그 소리에 아버님은 "김회남…… 김회남이야."라고 재차 확인하시더니, 주머니 속에 깊숙이 넣어 둔 무언가를 꺼내 할머니께 내미시는 것이었습니다. 두 손에 들려 있던 것은 캔 음료 두 개. 아마도 집에서부터 할머니께 선물하려고 준비해 오신 모양이었습니다.

모든 것을 잊어 가고 있지만 잠시라도 기억이 남아 있을 때 당신 어머니를 위해 준비한 아버님의 가장 소중한 선물. 아버님에게 그 음료수가 어떤 의미인지 아는 저는 가슴이 뭉클해지면서 눈가가 촉촉해졌습니다.

사람은 나이가 들게 마련이고, 시간이 흐르면서 많은 것들은 잊혀지기 마련입니다. 아무리 기억하고 싶다고 발버둥을 쳐도 사람의 뜻대로 되지만은 않는 것 같습니다. 이제 저희 아버님께 남아 있는 기억과 시간도 점점 더 줄어들 테죠. 마지막 한 조각만 남게 되더라도 그 한 조각이 좋은 기억일 수 있도록 많이 기도하고 잘해 드려야겠습니다.

그리고 이 글을 통해 저희 아버님께서 '베드로'로 다시 태어날 수 있도록 도와주신 하느님과 사무엘 신부님께 다시 한 번 감사의 말씀을 드립니다.

2010년 7월 18일

돌아가신 시할머니와 함께.

시아버님의 세례식.

결혼을 준비하는 분들에게

　우리는 적당한 나이가 되면 평생을 함께할 배우자를 만나 결혼을 하게 됩니다. 물론 21세기에 결혼이 필수라고는 말할 수 없지만 남들 하는 거 다 해 본다는 의미에서, 혹은 결혼을 통해 부모님으로부터 완전히 독립한다는 의미에서 결혼이 필수적이라고 느끼기도 하지요. 부모님들 또한 일단 해치우고 나야(?) 마음이 편해지시는 모양입니다.

　물론 저도 예외는 아니었습니다. 나이는 자꾸 먹어 가는데 동생이 먼저 결혼해서 조카도 낳았고, 그 아래 동생은 남자

친구가 대기 중이었죠. 그런데 가장 큰딸인 제가 서른을 훌쩍 넘기고도 애인조차 없었으니 부모님께 큰 불효였던 모양입니다.

다행히 하느님의 뜻으로 사랑하는 사람을 만나서 결혼까지 하게 되었습니다. 더구나 신랑은 종교가 없었지만 어머님께서 신앙심 깊은 천주교 신자였던지라 양쪽 집안의 바람대로 성당에서 결혼식도 할 수 있었습니다.

그런데 성당에서 하는 결혼식은 다른 곳에서 올리는 결혼식처럼 식만 하면 되는, 간단한 것이 아니더라고요. 일단 혼인성사를 위해 필요한 서류 구비, 신부님 면담, 결혼 전에 반드시 수강해야만 하는 혼인 강좌까지.

저희 예비부부에게는 그것 말고도 한 가지 숙제가 더 있었습니다. 그건 바로 왜 이 사람과 결혼을 하고 싶은지 서로에 대한 생각을 글로 써서 주례 신부님께 제출해야만 하는 일이었습니다. 두 사람 모두 어찌나 그 숙제를 어려워했는지 미루고 미루다가 결혼식 전날에야 간신히 신부님께 제출했던 기억이 납니다.

그런데 혼배 미사를 드리는 중에 깜짝 놀랄 일이 일어났습니다. 신부님께서 주례 말씀을 시작하셨는데…… 글쎄 저희 둘이 숙제로 제출한 글을 모든 하객들 앞에서 읽어 내려가시는 것이었습니다. 제대 앞에 앉아 있던 저희는 어찌나 얼굴이 화끈대던지. 사실 마음속으로 신부님을 조금 원망하기도 했습니다.

시간은 빨리도 흘러 벌써 결혼 5년 차, 돌아보면 그때 그 준비들이 결혼 생활에 좋은 자양분이 되었다는 생각이 듭니다. 귀찮게만 느껴졌던 혼전 강의도 '결혼'이라는 것에 대해서 좀 더 현실적으로 생각할 수 있는 계기를 만들어 주었고요. 신부님의 숙제 또한 아무리 사랑해도 결혼 후에 알게 되는 또 다른 모습에 서로 실망할 수도 있는데, 이를 미리 구체적으로 생각해 보고 문제가 생겼을 때 해결할 수 있는 실마리를 마련하는 계기가 되었으니까요.

조만간 성당에서 결혼식을 올리려고 준비하시는 분들도 저와 같은 과정을 거치셔야 할 텐데요, 필수 사항은 아니지만 저희 주례 신부님의 숙제를 더해서 행복한 결혼을 준비하시면 어떨까요?

2010년 7월 25일

최유라 안나
생년월일: 1967년
직업: 방송인
주요 활동: 서울대교구 생명위원회 홍보대사(2006)
MBC 라디오 〈지금은 라디오 시대〉(1995~) 진행, 영화 〈수탉〉(1990), 〈그대 안의 블루〉(1992) 등 출연

하느님의 깊은 뜻

　제 웃음소리는 유난히 크고 우렁찹니다. 방송을 통해서 혹은 사석에서 저를 만나는 사람들은 거침없이 "까르르" 웃어대는 제 모습에서 활력을 얻는다고 말합니다. 참으로 감사한 일이 아닐 수 없습니다. 이렇듯 곱고 순수한 시선의 사람들을 대할 때면 오히려 제가 힘을 받곤 합니다.

　그러나 아주 가끔은 주변의 기대가 부담으로 다가오기도 합니다. 언제나 제가 처한 상황, 제가 있는 자리에서 최선을 다해야 한다는 강박감이 스스로를 힘들게 하기도 했습니다.

많은 사람들과 관계를 유지하다 보니 제 자신도 의식하지 못했던 스트레스가 쌓이기도 했던 모양입니다.

지난 가을 예상치 못한 상황에서 갑자기 아프게 되었을 때 비로소 저를 객관화하여 바라보게 되었습니다. 생각해 보면 전혀 난데없는 일만도 아닙니다. 그동안 몸에서 간간히 보냈던 신호를 무시했더니 보기 좋게 당한 거지요.

저의 의식과 신체를 다른 사람처럼 볼 수 있다면 아마도 하루아침에 꼼짝 못하게 된 저를 보면서 또 다른 저는 "그것 봐라. 쌤통이다." 했을지도 모릅니다.

불과 하루 전까지만 하더라도 불가능이란 없어 보였던 활기차고 완벽한 일상이 무너졌습니다. 이렇듯 아무것도 할 수 없는 나약한 육체를 가진 자신을 바라보면서 우리 주님의 뜻을 생각해 보게 되었습니다.

솔직히 처음에는 주님께 얼마간 원망스러운 마음이 들었던 것도 사실입니다.

"그렇지 않아도 할 일이 얼마나 많은데, 이렇게 묶여 있어야 하다니……."

그러나 이내 세심하고 절묘한 주님의 마음이 보였습니다.

"안나야, 내가 이렇게까지 하지 않았다면 네가 쉴 생각이나 했겠니? 지금 잠시 멈춰 있는 것을 더 힘차게 다음을 준비하기 위한 충전의 기회라고 여길 수는 없을까?"

주님의 음성을 듣는 순간, 어쩌면 삶의 우선순위를 잃어버리고 살아왔을지도 모른다는 반성을 하게 되어 저절로 두 손이 모아졌습니다.

"그렇습니다, 하느님. 당신이 허락하지 않으시면 저는 아무것도 할 수 없습니다. 당신은 저를 낮추기도 또 높이기도 하는 분이시니까요. 다른 사람들에게 기쁨을 주는 일 못지않게 제 자신을 강하게 만드는 일도 열심히 하겠습니다. 저의 몸은 주님의 거룩한 성전이며 주님의 거룩한 나라를 이 땅에 나타나게 하는 도구이기도 하니까요."

앞으로도 그저 이기적인 자기 사랑에서가 아닌, 이 세상을 더 열렬히 사랑하고 맡겨진 사명을 다하기 위해서 저를 더 가꾸고 건강한 웃음을 만들어 내려고 노력할 생각입니다.

2010년 12월 12일

늘 사연 속에 계시는 하느님

　매일 4시 5분이 되면 어김없이 들어오는 빨간 'ON AIR' 불빛! 미사 시작을 알리는 종소리마냥, 늘 긴장하며 그 시간을 맞이합니다.
　방송 초창기에는 '오늘 실수 없이 잘할 수 있을까?' '이 편지를 틀리지 않고 잘 읽어야 할 텐데…….' 그런 소소한 걱정거리를 안고 시작했지만, 20년을 지내 온 지금, 저는 방송에서 늘 하느님을 만납니다. 사연 속에서, 사람들과의 만남에서, 그분은 그렇게 모든 것 안에 항상 계시어 제가 미처 챙기지 못한 것들로 절 부끄럽게도, 또 당황하게도 하시죠. 어떨 땐 가슴이 철렁 내려앉을 만큼 호되게 꾸짖기도 하십니다.

여러분도 경험해서 아시죠? 늘 그분과 함께할 때 오는 이유 모를 편안함과 자신감! 그 덕분에 저는 늘 "아~ 방송 참 맛깔나게 하는 사람!"이라는 칭찬을 덤으로 얻습니다.

얼마 전 방송에서 절 또 부끄럽게 했던 사연이 있었습니다. 한 청취자께서 보내 주신 어느 요양원 할머니의 글이었는데, 읽고 나서 눈물이 왈칵 쏟아져 내렸습니다.

"나이 들고 병들어 누우니 잘난 사람이나 못난 사람이나 너 나 할 것 없이 남의 손 빌려 하루를 살더이다. 그래도 살아 있다는 이유로 남의 손에 끼니를 이어 가며, 남의 손에 똥오줌도 맡겨야 하는구려! 당당하던 그 기세가 허망하고 허망하구려. 내 형제 내 식구가 최고인 양, 남을 업신여기지 마시구려. 나와 피 한 방울 섞이지 않은 바로 그 남이, 이토록 고맙게도 웃는 얼굴로 날 잘도 돌봐 주더이다.

아들 낳으면 일촌인데, 사춘기가 되니 남남이고, 대학 가면 사촌이고, 군대 가면 손님이요, 군대 다녀오면 팔촌이더이다. 장가가면 사돈 되고, 이민 가니 해외 동포 되더이다. 딸

둘에 아들 하나면 금메달이고 딸만 둘이면 은메달인데, 딸 하나 아들 하나면 동메달이 되고 아들 둘이면 목메달이라 하더이다.

장가간 아들은 희미한 옛 그림자 되고, 며느리는 가까이하기에는 너무 먼 당신이요, 딸은 아직도 그대는 내 사랑이구려. 자식들 모두 출가시켜 놓으니 아들은 큰 도둑이요, 며느리는 좀도둑이요, 딸은 예쁜 도둑이더이다. 인생 다 끝나가는 이 노모의 푸념이 한스러울 뿐이구려……."

이 글을 소개하며 울지 않은 사람이 없었습니다. 지금 이 순간에도 차마 자식들에게 짐이 될까 봐 몸이 아파도 말도 못하고, 입맛이 없어 하루 한 끼 몇 숟가락만 겨우 떠 넘기며 정신력으로 버티고 있을 얼마나 많은 우리들의 엄마가 계실는지!

살아가는 것이 뭐가 그리 바쁜지 나 살기에 바빠서 이렇게 아등바등……. 무릎 꿇고 뒤늦게 통곡해 본들 무슨 소용이 있겠습니까. 주님은 이렇게 매 순간 우리를 무릎 꿇게 만드십니다. 그래서 전 오늘도 주님의 음성을 들으러 일터로 향합니다.

2010년 12월 19일

나에게 신앙은

가끔 살아온 날들을 돌이켜 보며 낄낄거릴 때가 있습니다. 대부분 어렸을 때 추억인데, 그때는 하루하루 뭐가 그리 재밌고 신났는지 늘 웃음을 달고 다녔던 기억이 납니다.

그땐 저녁 학원 갈 시간에 미사 참례를 했고, 주일에는 주일 학교에 갔습니다. 성탄절이 가까워 오면 집에 가기 싫을 정도로 성당이 좋았습니다. 덕분에 성가집은 너덜너덜, 미사 보는 때가 낀 훈장과도 같았지요. 잘생기고 목소리 좋은 청년부 오빠 때문에 마음 설레기도 했고, 미사 시간에 주님의 말씀을 낭독할 땐 의젓해지기도 했습니다.

사랑도 배우고 배려도 배웠지만, 특히 나쁜 일을 한 다음에 성호 긋는 일이 그렇게 공포스러울 수가 없었습니다. 엄마가 그러셨거든요. 나쁜 일을 하고 성호를 그으면 이마에 십자가가 없어지지 않는다고요, 후후.

돌아보면 제게 신앙은 어머니의 가정 교육 같은 것이었습니다. 또한 억울하고 힘들 때 찾아가 안기는 친정 엄마의 품과도 같았습니다. 그리고 솔직한 방송인, 배려 깊은 내조자로 충실할 수 있게 하는 버팀목이 되어 주기도 하지요.

있는 그대로를 남에게 보여 주는 것, 누군가 내 삶을 스스럼없이 들여다보고 공감할 수 있도록 나를 열어 놓는 작업이란 솔직히 어렵습니다. 인간이 자신을 드러내어 남들에게 영향을 미치고 싶어 하는 것은 본능입니다. 너도나도 튀고 싶어 안달이 난 요즘, 자신을 누르는 일은 도를 닦는 일에 가깝습니다.

사랑하는 사람이 생기면 그 일은 더 어려워집니다. 나 자신을 다스리는 일이 잘 안 될 때 전, 어김없이 주님을 찾습니다. 그리고 무릎을 꿇고 답을 구하죠. 그러면 그분은 꾸지람 하나 없이 또 답을 주십니다. 그 답들이 바로 제 방송의 밑천이지요.

모르는 길을 갈 때 자동차 조수석에 앉은 사람은 진짜 '조수석'이라는 이름값을 합니다. 운전하는 사람 입에 김밥도 넣어 줘야 하고, 물도 마시기 좋게 빨대를 꽂아 줘야 하고, 빠져나가는 길도 알려 줘야 하고, 휴게소도 일러 줘야 합니다.

혹시 라디오에서 베토벤의 운명 교향곡을 들어 보셨나요? 가슴을 울리는 타악기, 심금을 울리는 현악기, 머릿속을 울리는 관악기 등으로 표현되는 그 멋진 음악 어디에도 지휘자의 소리는 들리지 않습니다. 그러나 우리는 그 음악이 지휘자의 역량과 특징에 따라 같은 곡이라도 전혀 다르게 표현됨을 알고 있습니다.

그처럼 제게 신앙은, 인생을 멋지게 지휘할 수 있는 힘을 주며, 자동차 조수석의 세세함과 배려를 잃지 않게 하는 신념입니다. 그리고 그 신념이 또 흔들릴 때 전 얼굴에 철판을 깔고 주님께 또 달려갈 겁니다.

2010년 12월 26일

황정민 아녜스

생년월일: 1971년 1월 15일
직업: 아나운서
주요 활동: 성가정입양원 홍보대사(2009), KBS 라디오 〈황정민의 FM대행진〉, KBS 〈VJ 특공대〉, 〈좋은나라 운동본부〉, 〈활력충전 530〉 등 진행

강력한 신호를 보내 주십시오!

저는 힘들고 어려울 때, 제 힘으로는 도저히 해결할 수 없을 것 같은 일이나 상황에 직면했을 때 기도를 합니다. 정말 열심히 하게 되지요. 거래를 하는 것도 아닌데 '이번 문제만 해결해 주시면 주일 미사에 빠지지 않고 참례하겠습니다.'라는 식의 조건을 내겁니다. 나름대로의 양심이라고나 할까요. 무언가 제시할 것이 있어야 협상이 가능하다는 생각에서 그렇게 하게 됩니다.

모든 게 다 이루어지는 것은 아니지만, 요즘 말로 '기도발'

이 잘 받는 편입니다. 제가 기도하자마자 해결되는 경우가 많으니까요. 그러면 '휴우, 다행이군. 아직은 하느님의 어린 양으로 사랑을 받고 있구나.' 하고 가슴을 쓸어내립니다.

문제는 그 다음입니다. 협상 테이블에서 먼저 조건을 걸었으니 약속을 지켜야 하는데, 그게 쉽지 않습니다. 당직이니 약속이니 핑계를 대며 흐지부지 미사를 **빼먹기** 일쑤입니다. 그리고 다음에 또 문제가 닥쳐 하느님을 급히 찾기 전까지는 그 약속을 잊어버립니다.

처음 아나운서가 되었을 때, 아나운서로서 하느님께 영광을 돌리는 일을 하게 해 달라고 기도했습니다. 그 기도를 들어주신 덕분에 아나운서로서 좋은 프로그램을 할 기회가 많았습니다.

남들은 제가 통통 튀어 보인다고들 하지만, 사실 낯도 많이 가리고 남들에게 편안히 속을 드러내기까지 시간이 많이 걸리는 편입니다.

하지만 요즘 방송 풍토는 누군가가 내면의 잠재력을 발할 때까지 기다려 주지 못합니다. 처음 몇 번 기회를 주다가 기대에 제대로 부응하지 못하면 금방 다른 인물로 교체하는 경우가 많습니다.

하루아침에 프로그램에서 내려와야 했던 일이 한두 번이 아닙니다. 그럴 때마다 프로그램을 새로 맡을 때의 기쁨만큼이나 절망도 깊었습니다. 화면에는 좋은 모습, 밝은 모습만 보이지만, 그 이면에는 방송과 제 일에 대한 수없는 고민과 절망이 자리 잡고 있습니다.

그때마다 기도는 명약이 되었습니다. 이기적인 기복 신앙이라고 비난해도 할 수 없습니다. 달리 방도가 없었기 때문입니다.

요즘은 중요한 선택을 앞두고 하느님께 지혜를 구하고 있습니다. 이걸 택하면 저게 안 좋고 저걸 택하면 이게 안 좋고……

그래서 최종 결정은 하느님께 미루기로 했습니다.

'하느님께서 보시기에 좋은 것을 선택하게 해 주십시오. 세상의 눈으로 보았을 때 손해 보는 일이라도 순순히 받아들일 수 있는 마음도 함께 주십시오. 그리고 마지막으로, 제가 눈치가 없사오니 하느님께서 강력한 신호를 보내 주십시오.'

이렇게 처음부터 끝까지 모든 것을 하느님께 맡겨놓고 나니 마음이 편해졌습니다. 이렇게 되도 좋고 저렇게 되도 좋다는 그런 여유가 생겼습니다.

　어차피 방향을 잡는 키는 하느님께서 잡으셨으니, 제가 이러니저러니 해 봐야 무슨 소용이겠습니까? 주님은 결국 제게 선이 되도록 예비하고 계신 분이니까요. 차라리 주님께 모든 것을 맡겨 놓고 하루하루 맘 편히 사는 쪽을 택하렵니다.

2006년 8월 6일

성호 긋기

결혼식 청첩장을 돌리고 깜짝 놀랐습니다. 많은 사람들이 제게 다가와 '황정민 아나운서, 명동 성당에서 결혼하세요? 사실은 저도 천주교 신자예요.'라고 수줍은 듯 말했습니다. 제 주변에 이렇게 많은 신자가 있었다니…….

이렇게까지 제 주위의 교우들이 누구인지 모르고 있었던 이유는 무엇일까요? 다른 종교인들은 선교를 종교인의 선량한 의무라고 생각합니다. 그래서 교회에 함께 나가자고 권하기도 하고 식사를 하기 전에 잠깐 동안 기도를 하면서 '믿는 사람'이라는 티를 확실하게 냅니다. 그런데 저는 그런 점들을 소홀히 해 왔던 것입니다.

　제 결혼식의 주례를 맡아 준 신부님과 저는 작은 약속을 했습니다. 식사를 하기 전에 반드시 성호를 긋고 식사에 임하기로 말입니다.

　그동안 저는 집에서 식사를 할 때는 온 가족과 함께 성호를 그었지만 밖에서 다른 사람들과 어울려 식사를 할 때는 성호를 긋지 않았습니다. 왠지 종교인임을 티내는 것 같아 어색하기도 했고 잊어버리기도 했습니다.

　그 약속 이후에도 여전히 성호 긋기를 잊어버리곤 하지만 예전보다는 노력하는 편입니다. 다만, 남들이 보면 제가 지금 기도하는 것인지 모를 정도로 재빨리 성호를 긋습니다.

　한번은 '가톨릭 신자들은 선교를 하지 않아서 좋다.'라는 누군가의 얘기를 듣고 얼굴이 화끈거렸습니다. 주일 미사에 제대로 참여하지도 않는 제 주제에 무슨 선교를 하겠습니까? 주일 미사에만 겨우 참석하는 신자에게는 무리한 일이지요.

　그러나 저도 처음부터 그랬던 건 아니었습니다. 유아 세례를 받은 저는 중학교 때까지는 제법 열심히 성당에 나갔습니다. 주일 학교도 열심히 다녔고 피정도 꼬박꼬박 참가했으

며, 성탄절에는 무대에서 노래를 부르기도 했습니다.

그런데 언제부턴가 그 열정이 식어 갔습니다. 제가 성당에서 점점 멀어져 가는데, 그 누구도 저를 적극적으로 붙들지 않았습니다. 아무도 붙잡지 않고 뭐라 하지 않는 그런 분위기가 좋긴 했지만 약간의 아쉬움도 남았습니다. 누군가 강하게 잡아 줬다면 조금이라도 적극적으로 신앙적인 활동을 할 수 있었을 텐데…….

아나운서가 되고 나서도 아무도 제게 미사 사회나 독서를 부탁한 사람이 없었습니다. 물론 그런 부탁이 들어왔어도 저는 "방송 일이 너무 불규칙하고 바빠서……."라며 정중히 거절했겠지만요.

　모든 이들이 저와 같다고 할 수는 없겠지만 확실히 제 주변의 교우들은 저와 비슷합니다. 함께 일하는 동료들 중에 천주교 신자들이 참 많습니다. 다들 열심히 미사에 참례하고 있지만 드러내 놓고 활동하는 사람은 거의 없는 것으로 알고 있습니다.

　분명히 교회 안에서 우리의 역할이 있을 텐데 아쉬움이 많습니다. 그 한 사람 한 사람이 보석 같은 존재로 하느님을 전하는 데 일익을 담당할 수 있을 텐데 말이죠.

　이러다가도 막상 무슨 제의가 들어오면 선뜻 나서기 힘든 게 나약한 지금의 제 모습입니다. 역시, 당장 큰일부터 할 수는 없을 것 같습니다. 우선은 식사 전에 충실히 성호를 긋는 일부터 시작해 보려고 합니다.

2006년 8월 13일

경청해 주기를 바라는 마음

이사를 한 이후 뜨내기처럼 이 성당 저 성당에 다니고 있습니다. 남편이 신자가 아니라서 그럴까요? 매주 미사에 참석하기가 쉽지 않습니다. 사실 늦잠 자는 남편을 두고 살짝 빠져 나갈 수도 있고, 그가 좋아하는 사우나에 보내 놓고 저만 성당에 다녀올 수도 있기는 합니다.

하지만 직장인 부부로서 그나마 주말에나 실컷 얼굴을 볼 수 있는 처지라 혼자서만 외출할 때 왠지 좀 미안한 생각이 듭니다. 물론 일주일에 한 번 찾아뵙는 예수님도 서운해 하

신다면 드릴 말씀은 없지만요.

시댁은 다른 종교를 믿고 남편은 무신론자에 가까운 사람이지만, 결혼 전에 받은 혼인 교리는 오히려 저보다 열심이었습니다. 결혼하기 전에 제가 '나랑 성당에 열 번 나가자.'라고 제의하자 순순히 약속을 하더군요.

대신 남편은 '종교를 강요하지 마라.'라는 단서를 붙였습니다. 사실 세상에 아무리 좋은 것이라고 해도 자기 스스로 깨달아서 실행에 옮기는 것이 좋다고 생각했기 때문에 저도 강요할 생각은 전혀 없었습니다.

하지만 열 번을 나가는 동안 하느님께서 남편의 마음에 감동을 주시거나 드라마틱한 마음의 감화가 남편에게 일어나 함께 신앙생활을 할 수 있길 기대했습니다.

지금까지 함께 성당에 간 것은 딱 네 번입니다. 그나마 남편은 미사에 참례하면서도 말씀을 듣는 둥 마는 둥 하며, 한 시간을 겨우 채우고 돌아오는 것에나 의의를 두는 것 같았습니다.

사실 저도 이사 후에 바뀐 성당이 익숙하지 않아서 말씀이 귀에 잘 들어오지 않았습니다. 물론 하느님을 만나러 가는

것이지 특정한 신부님의 말씀을 들으러 가는 것이 아니기 때문에 집에서 가까운 성당으로 다니는 것이 당연할 것입니다.

그렇지만 저와 조금이라도 관련된 실생활의 이야기를 들려주시는 강론에 훨씬 감응이 빨랐던 것은 사실이고, 그런 강론에 끌리기 마련입니다. 또한 강론 말씀이 딱딱하고 지루하면 왠지 남편에게 성당에 대한 좋지 않은 선입관을 심어줄 것 같다는 걱정 때문에 강론을 잘한다고 여겨지는 곳으로 찾아다니게 됩니다.

자기가 다니는 성당 신부님의 강론 말씀이 좋으니 그쪽으로 오라고 권유하는 동료도 있습니다. 우리가 다니는 성당은 일반적으로 집에서 가까운 곳이지만, 때로는 그래서는 안 되는 줄 알면서도 다른 성당으로 나가기도 합니다. 이럴 때 성당을 선택하는 기준에는 같이 다니는 친구가 있어서, 강론 말씀이 좋아서 등 여러 가지입니다.

하지만 듣기 좋은 강론을 찾아다니는 제 모습을 하느님께서는 어떻게 보실까요? 아나운서인 저도 상대방이 제 말을 경청해 주길 원하는데, 하물며 하느님의 말씀을 쉽고 재미있게 혹은 어렵고 딱딱하게 전하는 데에 따라 이리저리 성당을 옮겨 다닌다면 하느님께서 어떻게 생각하실까 하는 생각이 들었습니다.

이제부터라도 마음에 맞는 상황에서 하느님을 찾기보다 어떤 상황에서든 하느님의 뜻을 알아들을 수 있으면 정말 좋겠습니다.

"주님! 제게 신앙의 은총을 주소서, 아멘."

2006년 8월 20일

존중받고 싶은 마음

방송 일을 시작한 지 13년. 어떻게 지나갔는지 모를 정도로 재미있던 시간이었습니다. 저는 새로운 프로그램을 맡으면 그 시간대의 주요 시청자들은 누구이며, 어떤 성향을 가지고 있는지 파악한 후 이런 정보를 바탕으로 앞으로 방송의 방향은 어떻게 잡아 나갈 것인가에 대해 고민을 합니다.

긴장도 되고 많은 집중력과 시간을 요구하는 일이지만, 새로운 일을 성공적으로 해낼 때마다 성취감을 느낄 수 있었습니다. 마치 프로그램이 계급장처럼 느껴져 많이 진행할수록 좋다는 생각이 들었습니다.

급기야는 시간이 날 때마다 무조건 잠시라도 눈을 붙여야 버틸 수 있을 정도로 일이 많아졌습니다. 그 좋던 체력(?)도 바닥나서 아무리 늘어지게 자고 일어나도 늘 피곤했습니다. 졸음운전으로 사고 직전까지 가서야 '내가 일중독에 걸린 것은 아닐까?' 하고 의심했습니다.

물론 일을 좋아하고, 좋아하는 일이다 보니 좋은 결과가 있어서 주변에서도 많은 사랑과 관심을 보여 주셨습니다. 덩달아 저도 '이렇게 사는 것이 열심히 사는 것이구나.' 하면서 더욱더 박차를 가해 일했습니다. 페달을 밟지 않으면 앞으로 나아가지 않는 자전거처럼 오로지 전진만이 살 길이라 생각했습니다.

그러던 제가 이제는 조금 달라졌습니다. 프로그램에 대한 욕심도 차차 줄어 지금은 즐기면서 할 수 있을 정도의 프로그램만 맡고 있습니다. 살림하는 주부이자, 대학원생인 방송인 황정민의 생활보다 인간 황정민의 생활이 일상의 더 많은 부분을 차지합니다. 물론 지금도 방송을 향한 애정이야 그때 못지않지만 말입니다……. 하루하루 바쁘게 지내기는 하지만 예전처럼 밥 먹을 시간도 없을 정도로 일이 많은 것은 아니기에 여러 가지 면에서 많이 편안해졌습니다.

그렇다고 만사태평이란 얘기는 아닙니다. 때때로 불안감이 엄습해 오기도 합니다.

'너무 편하게 지내고 있는 거 아닌가? 좀 더 절박한 마음으로 열심히 해야 하지 않을까?'

누구나 그렇듯 저도 어린 시절에는 부모님으로부터 무조건적인 사랑을 듬뿍 받았습니다. 그러나 사회에 나와 보니 제 위치에 따라 사람들이 저를 대하는 태도가 달라지더군요. 인기 있는 프로그램을 진행할 때는 저에 대한 주변 사람들의 반응이 달라졌습니다. 여기저기에서 이런 저런 일들을 부탁하는 사람들의 전화가 많이 걸려 왔습니다.

왜 일하는지 곰곰이 생각해 보았습니다. 아마도 사람들에게 존중받고 싶어서가 아닌가 하는 생각이 들었습니다. 다르게 얘기한다면 사회에서 인정받고 싶고 사랑받고 싶은 욕망 때문인 것 같습니다. 사회적으로 성공하면 관심과 사랑을 받게 될 가능성이 커집니다. 그리고 직위가 높아지면 주변에서 보는 눈이 달라지는 게 현실이지요.

하지만 평생 똑같은 위치를 유지하는 것은 불가능한 일이 아닐까요? 어디든지 올라가다가도 결국에는 내려와야 하는 것이 자연의 이치입니다. 개인적인 능력이나 노력에 따라 조금씩 차이가 나겠지만 높이 올라간 사람일수록 내려와야 할 때의 절망감은 상상 이상으로 클 수 있습니다.

저 역시 그때를 생각하면 두렵습니다. 요즘 조건 없는 사랑, 제 위치나 하는 일에 관계없이 저를 아껴 주는 무언가에 더욱 매달리게 되는 이유가 거기에 있는 것이 아닌가 싶습니다.

이럴 때 저에게 평안함을 주는 성경 구절이 있습니다.

"내가 세상 끝 날까지 언제나 너희와 함께 있겠다."(마태 28,20)

2006년 8월 27일

김동욱(JK 김동욱) 세례자 요한

이름: 김동욱 생년월일: 1975년 12월 11일
직업: 가수
주요 활동: 서울대교구 생명위원회 홍보대사(2005)
생명 프로젝트 앨범 〈생명, 사랑해 기억해〉(2009) 참여, 1집 〈Lifesentence〉(2002), 2집 〈Multiplepersonalize〉(2003), 2.5집 〈Memories In Heaven〉(2004), 3집 〈Acousti.K〉(2005), 4집 〈낯선천국〉(2007) 등 발표

캐나다 이민 생활

저는 서울에서 태어나 고등학교 1학년을 마치고 가족과 함께 캐나다로 이민을 갔습니다. 음악 활동을 하셨던 아버지의 바람과 자식들 공부에 도움이 되고자 하는 이유로 부모님은 이민을 선택하셨습니다.

그때 저는 '과연 새로운 곳에서 잘 적응할 수 있을까?' 하는 불안감도 있었지만, 새로운 세상을 접한다는 기대감이 더 컸습니다.

하지만 막상 캐나다에 도착해 보니 그곳에 적응하는 것은 쉽지 않았습니다. 부모님이 작은 가게를 운영하셨는데 경제적인 어려움도 컸고, 이민 생활에서 느끼는 외로움도 많이 겪어야만 했습니다.

당시 사춘기였던 저는 학교에서 언어 소통의 문제로 친구들과 잘 어울리지 못했고 또한 한국 친구들과 떨어진 외로움으로 힘겨워했습니다.

워낙 운동을 좋아해서 학교에서 배구와 농구, 수영 팀의 대표를 맡았지만 소수의 한국인에게 그곳 아이들이 부리는 텃세로 힘든 시간을 보냈습니다.

특히 자존심이 강했던 저는 그런 대우를 하는 학교 친구들과 싸우게 되었고 그 결과 따돌림을 당하기도 했습니다. 한동안 그곳 생활에 적응하지 못했던 저는 부모님 몰래 학교에 안 나가고 수업에 빠지기도 했습니다.

그나마 학교에서의 힘든 일들을 성당 활동을 하며 잘 버틸 수 있었습니다. 초등학교 때 어머니의 이끄심으로 세례를 받고 본당 주일 학교 교리를 받았던 저는 캐나다 토론토에서도 가톨릭계 고등학교에 다니면서 신앙생활을 계속할 수 있었습니다.

그곳 한인 성당에서 레지오 활동, 성경 공부 등 신앙 모임을 통해 성당 친구들과 마음을 터놓고 서로 의지하며 지냈습니다. 특히 성당 안에 체육관이 있어서 운동도 마음껏 할 수 있었고, 저의 첫사랑이었던 한 여학생의 헌신적인 봉사 활동을 보면서 따뜻한 마음과 설렘도 느낄 수 있었습니다.

힘든 상황이었지만 부모님은 정말 혼신의 노력을 다해 가정을 꾸리셨고, 하나밖에 없는 누나와 저는 서로에게 의지하며 힘이 되었습니다.

어려움 속에서도 저희 가족은 성당에 다니면서 힘든 상처를 어루만지며 지냈습니다. 종교의 필요성을 깨닫지 못하셨던 아버지는 하느님을 믿지 않으셨지만, 저희가 성당에 나가는 것을 반대하지는 않으셨습니다.

돌이켜 생각해 보면 사춘기 시절이나 나이가 들어서도 부모님의 속을 많이 상하게 해 드렸을 뿐 특별히 잘해 드린 것이 없어 늘 죄송한 마음뿐입니다.

이런 마음이 들 때면 고생하신 부모님께 보답해야겠다고 다짐합니다. 늘 부족한 저이지만 부모님께 큰 힘이자 버팀목이 되고 싶습니다.

힘든 시기가 지난 요즘은 어머니와 종종 시장에 가고 찜질방 같은 곳에도 가서 도란도란 얘기를 나누는 작은 일상까지도 큰 행복으로 다가옵니다. 비록 각자의 일 때문에 지금은 가족 모두가 뿔뿔이 흩어져 지내고 있지만, 언젠가 가족 모두 함께 모여 행복을 누리며 사는 그날을 꿈꿔 봅니다.

2008년 4월 6일

음악인의 길을 선택하다

베이스 기타 연주자로 밴드 활동을 하셨던 아버지 덕분에, 저는 어린 시절부터 다양한 음악을 가까이에서 접할 수 있었습니다. 그런데 아버지와 달리 저는 고등학교를 졸업할 때까지도 내성적이어서 사람들 앞에서 노래를 부른 적이 별로 없었습니다. 그나마 친구들과 어울리며 노래방에서 노래를 부르는 게 제가 했던 '음악 활동'의 전부였습니다.

그랬던 제가 음악을 직업으로 삼게 된 것은 어떤 계기가 있었기 때문입니다.

한국에서 절친했던 친구 중에 공부를 잘하고 매우 성실한 친구가 있었는데, 제가 캐나다에 있을 때 그 친구가 갑작스러운 사고로 목숨을 잃었습니다. 저에게 우상과도 같았던 친구의 죽음으로 심적으로 많이 괴로웠습니다. 한순간에 떠나버린 친구 생각에 인생의 허탈감과 좌절감에 빠진 저는 성당에도 잘 나가지 않았습니다.

3년이 넘도록 많은 방황을 했습니다. 그러다가 이렇게 살면 안 되겠다는 생각이 문득 들었습니다. 또한 고생하시는 부모님을 생각하며 마음을 다잡았습니다. 그리고 그 친구에게 부끄럽지 않은 삶을 살아서 꼭 성공하겠다고 결심했습니다. 삶의 목표를 제가 잘하는 것으로 정해야겠다는 생각에 음악 공부를 하기 시작했습니다.

고등학교 졸업 후 샌드위치 가게, 식료품 무역 회사의 물품 운반, 잔디 깎기 등 많은 일을 하면서 대학교에서 재즈 보컬을 공부하기 위해 오디션을 준비했습니다. 당시 대학교 입학 필기시험은 정말 어렵고 준비 과정도 매우 힘들었습니다. 그래도 실기 시험 때 목숨을 걸어 보자는 마음으로 임했는데, 당시 감독 선생님께서 실력은 부족하지만 숨어 있는 가능성이 보인다며 저에게 기회를 주셨습니다.

대학에 들어가 배운 것들이 저에게 많은 도움이 되었지만, 지금 생각하면 재즈를 선택했던 것은 무모한 도전이었던 것 같습니다.

스물일곱 살 늦은 나이에 음악을 하기 위해 한국에 가겠다고 했을 때 부모님께서는 저를 말리셨습니다. 아버지께서는 음악인의 삶이 얼마나 고달픈지 몸소 체험하셨기에 음악을 위해 떠나려는 저를 말리셨고, 어머니께서는 여유 있고 풍요로운 캐나다의 좋은 점을 각박한 한국의 상황과 비교하며 걱정하셨습니다.

또 한국에 와서는 "그 나이에 무엇을 시작할 수 있겠느냐?" 하는 친척들의 곱지 않은 시선 속에서 한동안 한국 생활에 적응하지 못했습니다. 처음에는 기획사를 잘못 만나기도 했고 힘든 일도 겪었지만, 우여곡절 끝에 음반도 내고 가수로서 발걸음을 내딛을 수 있었습니다.

저는 너무나 간절히 음악을 하고 싶었고, 가수나 연예인으로서의 화려함보다는 음악의 순수함을 경험하고 싶었습니다. 지금 하지 않으면 평생 후회할 것만 같았고, 제가 가지고 있는 목소리와, 많지 않지만 음악에 관련된 저의 모든 지식을 오롯이 쏟아붓고 싶었습니다.

많은 고민 끝에 음악인의 길을 선택하고 그 길을 걸어온 지금, 후회는 없습니다. 앞으로도 제가 하고 싶은 음악을 통해 저를 사랑해 주시는 팬들의 사랑에 보답하도록 노력하겠습니다.

2008년 4월 13일

배려하는
따뜻한 마음

캐나다는 많은 이민자들로 구성된 이민 국가입니다. 전 세계 모든 민족이 사는 나라라고 해도 과언이 아닐 정도로 이민에 대해 열려 있는 나라입니다.

제가 다녔던 토론토의 학교 분위기는 정말 자유로웠습니다. 어렵고 딱딱한 분위기가 아니라 선생님과 제자 사이가 친구 간처럼 편했고, 자연스러운 질문과 대답으로 진행되는 수업 시간이 지겹지 않고 오히려 즐거웠습니다.

한국에서의 학교생활도 경험했던 저는 일방적인 주입식

교육이 아닌 그곳의 교육 환경이 참 좋았습니다. 체계적인 교육 시스템도 좋았지만, 무엇을 배우든지 앞으로 살아갈 때 다 도움이 될 것이라는, '배움의 의미'를 스스로 깨닫게 하는 점이 특히 좋았습니다.

복지 시설도 잘 되어 있었는데, 그중에서도 사람들이 장애인을 배려하는 모습이 보기 좋았습니다. 장애인 버스가 따로 있긴 하지만 일반 버스에도 장애인을 위한 시설이 잘 되어 있었습니다. 캐나다의 버스들은 휠체어를 이용하는 장애인의 앉은키에 맞게 차체가 낮게 만들어져 있었습니다.

한국에서는 휠체어를 탄 장애인이 버스를 탈 때 시간이 많이 걸리면 성격 급한 승객들이 눈치를 주며 빨리 가자고 성화를 부리는 것이 보통입니다. 하지만 캐나다 사람들은 그렇지 않았습니다.

한번은 제가 타고 가던 버스에 한 장애인이 탑승하려고 했습니다. 운전기사는 망설임 없이 앞에 앉아 있는 승객을 나오게 하고 의자를 고정시키더니 버스 승강기를 장애인이 타기 편하도록 같은 높이로 맞춰 주었습니다. 그러고는 조심스럽게 장애인의 휠체어를 밀어 버스에 태워 주었습니다.

한국에 와서도 그런 모습을 간혹 보았지만, 캐나다에서는 일상화된 그 모습을 보며 서로 배려하는 따뜻한 마음을 느낄 수 있었습니다.

한국에서 연예계 활동을 하면서 느끼는 문화 차이는 또 있습니다.

우리나라 연예인들은 토크 쇼나 버라이어티 프로그램 등 TV 출연이 활동의 큰 비중을 차지합니다. 하지만 외국에는 연예인들이 출연하는 쇼가 그리 많지 않습니다. 그리고 외국 가수들은 음반이 나오면 공연 위주로 활동하는 경우가 많습니다. 우리나라 가수들은 토크 쇼 같은 프로그램에서 홍보하는 모습을 자주 보게 됩니다.

그런 프로그램은 웃으며 즐길 수는 있지만, 가수의 음악에 대해 진지하게 이야기할 수는 없는 것 같습니다. 더구나 쇼에 출연한 사람들은 다양한 끼와 연마한 장기를 보여 주곤 합니다. 물론 기획사에서 노래만 잘하는 가수가 아닌 만능 엔터테이너를 원하는 경우가 많습니다.

그런데 저는 그런 한국의 연예 활동 분위기에 익숙하지 않아서 주로 음악 위주의 활동을 고집하고 있습니다.

저는 한국에서 태어났고 지금도 한국에서 살고 있지만, 비단 우리나라뿐만이 아닌 다른 나라의 문화, 나와 다른 사람의 인생에서도 배울 점이 많다고 생각합니다. 다른 무엇보다도 나보다는 남을 배려하고 서로 위하며 따뜻한 마음으로 함께하는 사람들이 많아지면 좋겠습니다.

2008년 4월 20일

행복한 삶을 위하여

제가 힘든 일을 겪을 때마다 하느님은 늘 저와 함께 계십니다. 그래서 가끔 무대에서 떨릴 때면 주님께 모든 것을 맡기고 마음이 편해질 수 있게 해 달라고 기도합니다.

그러나 한편으로는 무대 위에서 떨지 않을 때면 너무 현재에 안주하여 긴장감이 없어진 것 같아 다시 마음에 채찍질을 하곤 합니다. 인기와 상관없이 괜히 자신감이 없어질 때마다 하느님을 찾게 되었습니다. 그러다 보니 힘들 때만 주님을 찾게 되는 이기적인 제 자신을 발견하게 됩니다.

어렸을 때 고해성사를 보고 나면 정말로 하느님께서 죄를 다 사해 주신 것 같았습니다. 주님께 기도할 때도 무엇을 해 달라는 기도만 했습니다. 하느님은 저의 소원을 비는 창구이자 무슨 잘못을 해도 고해성사 한 번으로 말끔히 죄를 잊어 주시는 분이라고 생각했지요.

그래서 어떤 것을 간절히 원할 때 주님이 들어주지 않으시면 원망도 많이 했습니다. 제 소원을 들어주실 때만 하느님이 계심을 체험하고 느끼면서 감사의 기도를 바쳤습니다.

또 예전에는 다른 사람을 위해 기도할 때 그 사람의 어려운 문제를 해결해 달라고만 기도했습니다. 그러나 요즘에는 '할 수 있도록 힘을 주시고 행복을 찾을 수 있는 지혜를 달라'고 기도합니다.

신앙의 힘은 참 큽니다. 전혀 종교에 관심이 없던 친구들도 제가 성당 활동을 하는 것을 보면서 신자가 된 경우가 종종 있습니다. 뒤늦게 세례를 받는 친구의 대부를 서게 되었을 때는 정말 기쁘고 뿌듯했습니다. 부족한 제가 신앙의 힘을 통해 친구들과 서로 의지하고 함께 기도할 수 있다는 게 너무나 행복합니다.

어렸을 때부터 어머니는 늘 기도하고, 어려운 이웃을 위해 봉사하라고 가르치셨습니다. 한번은 어머니와 함께 보육원에서 케이크를 만들어 학생들에게 나누어 준 적이 있었는데, 그 작은 선물에 활짝 웃으며 고마워하는 아이들을 보고 말할 수 없는 기쁨을 느끼기도 했습니다.

대부분의 사람들은 자신이 원하는 것을 갖고, 하고 싶은 일을 하며 사는 것이 인생에서의 성공이자 삶의 목표라고 생각하겠지요. 하지만 그보다 남을 위해 봉사하고 어려운 이웃에게 도움의 손길을 내민다면 그런 작은 행동의 결과물들이 더 큰 행복으로 돌아올 것입니다.

저 역시 부족하지만 하느님이 주신 능력을 다른 사람과 함께 나누고자 합니다. 형식적이고 이름만 내거는 봉사 활동이 아니라 도움이 필요한 곳이 있으면 달려가 어려운 이들과 진심으로 고통을 나누고 싶습니다.

제 주위에는 감사할 일들이 참 많습니다. 다른 사람들과 함께 기쁨과 슬픔을 나눌 수 있는 것, 아침의 상쾌한 공기와 자연을 느끼는 행복, 오늘 하루를 주심, 이런 소소한 것들에 감사함을 느낍니다. 또한 음악 활동을 하면서 숨 쉬고 건강하게 사는 것 자체가 저에게는 기쁨이자 행복입니다. 늘 '난

행복하게 살고 있는 거야.'라고 마음속에 생각을 계속 불어넣어 줍니다.

저는 반짝 인기에 연연하기보다 오로지 순수한 마음으로 음악을 하고 싶습니다. 특히 신앙의 마음을 제 음악을 통해 표현하면서, 모든 이와 함께하는 행복도 느끼고 싶습니다.

이런 행복의 연장선으로 먼 훗날 강가에서 한가로이 낚시질하며 편안하게 곡을 쓰고 노래도 하면서 노후를 즐기는 모습을 조심스럽게 그려 봅니다.

2008년 4월 27일

양영은 아녜스
생년월일: 1977년 5월 9일
직업: 앵커, 방송 기자
주요 활동: 천주교 도곡동 성당 청년 전례단(2007~2008) 활동
현재 KBS 정치외교부 기자, KBS 2TV 〈아침 뉴스타임〉, KBS WORLD 〈Eye on Korean Business〉 진행

감사하는 마음

성당에 다녀오는 길이었습니다. 계단을 내려오는데 한 할머니가 지팡이를 짚고 위태롭게 걸어가고 계셨어요. 구부러진 허리로 인한 작은 키에 한 손엔 지팡이를, 한 손엔 비닐봉지에 싼 무언가를 들고 가시는데, 자칫 발이라도 헛디디면 금방이라도 넘어지실 것 같아서 그냥 지나칠 수가 없었습니다. 망설이다가 "할머니, 좀 도와 드릴까요?"라고 했더니 괜찮다고 하셨어요. 그래도 발걸음이 떨어지질 않아 "그럼, 짐이라도 좀 들어 드릴까요?" 했더니 또 괜찮다고 하셨지요.

그런데 계단을 다 내려와서는 비닐봉지에 넣은 무언가를

땅바닥에 내려놓고는 그 위에 앉으시는 게 아닙니까? 그건 그냥 짐이 아니라, 할머니가 가다가 너무 힘드시면 바닥에 놓고 쉬시기 위한 '간이 의자'였습니다. 손에 들고 다니다 너무 지치면 쉬시고, 그러다 일어나 또다시 걷고 하시는…….

미사를 마친 사람들이 몰려나오는데도 아랑곳없이 앉아 계신 할머니가 마음에 걸려 다시 돌아갔습니다. 그리고 용기를 내어 여쭤 보았습니다.

"할머니, 댁까지 부축해 드릴까요? 댁이 어디세요?"

"가까워. 여기서 조금만 가면 돼."

그런데 어디인지 들어 보니 할머니 댁은 빠른 걸음으로도 10분 이상 걸리는, 결코 '가깝지' 않은 곳이었습니다. 잠시 뒤 할머니가 말씀하셨습니다.

"7년 전 교통사고를 당해서 허리를 못 써. 당뇨로 눈도 멀었어. 그래서 실은 아가씨 얼굴도 잘 안 보여. 게다가 요즘엔 귀도 잘 안 들리고, 먹을 거 다 먹었어. 허허.

그래도 이만치라도 댕길 수 있는 게 감사하지. 나 같은 대죄인이……."

그러고 나서 또 일어나 걸으셨습니다. 다른 사람은 순간에

할 수 있는 동작을 천 년이 걸릴 듯 느릿느릿 고달프게 하고 계신 할머니를 따라서, 저도 함께 걸었습니다. 그런데 할머니는 10미터도 못 가 또 그 의자를 놓고 앉으셨어요.

"괜찮아, 이렇게 서너 번만 앉았다 가면 돼. 그럼 집이야."

"모셔다 드릴까요? 정말 괜찮으세요?"

"누가 같이 가면 마음이 불편해서 안 돼. 부담스러워서. 아가씨, 말씀만으로도 고맙네. 허허"

그러더니 노래를 흥얼거리셨습니다. 가는 도중 허리가 곧고 정정한 할머니들을 보면 "저만만 해도 쓰겄어. 저만만 해도 얼마나 좋아."라며 진심 어린 푸념도 섞어 하시며…….

얼마나 불편하실지, 얼마나 힘드실지, 얼마나 속상하실지……. 그런데도 저렇게 힘든 몸을 이끌고, 당신에게는 천리 같은 길을 걸어서 꼬박꼬박 성당에 나와 은혜를 받고, 감사를 드리고, '이만치라도 댕길 수 있는 게 감사하다'고 말씀하시며, 비닐에 싼 의자를 들고 다니면서도 노래를 흥얼거리십니다. 그런 할머니를 보며 진정 감사하는 마음이 무엇인지, 감사하는 삶이 어떤 건지 알 것 같았습니다.

그러면서 집에서 성당까지 뛰어가면 5분이면 도착할 거리에 살면서도 귀찮다는 이유로, 피곤하다는 이유로, 바쁘다는 이유로 변명하던 제 모습이 떠올랐습니다.

구렁이 담 넘어가듯 스리슬쩍 넘어가고, 갈까 말까 망설이며 유혹 앞에 나태해지는 제가 하느님께, 그리고 그 할머니께 부끄럽고 죄송스럽다는 생각이 들었습니다. 반성하고 또 반성해야겠습니다. 성당에 다녀오는 길에 우연히 그 할머니를 만나 이런 깨달음을 얻을 수 있어서, 저로서는 참으로 은혜를 받은 날이었습니다.

2008년 3월 2일

어린아이 같은 순수한 믿음

대개 집안에서 키우는 반려견들이 그러하듯 저희 집 강아지 '두스'도 나가는 것을 아주 좋아합니다. 제가 "나가자!" 하면 좋아서 깡충깡충 뛰면서 어느새 자기 끈을 물고 올 정도지요. 그날은 오후 출근이라 오전 시간에 여유가 있었습니다. 그래서 아침에 일어나자마자 두스에게 약속했습니다.

"누나가 오늘은 아침에 산책시켜 줄게. 이따 나가자!"

이 말을 알아들은 듯 두스는 두 눈을 반짝반짝 빛내며 저를 졸졸 따라다녔습니다.

하지만 갑자기 중요한 글을 쓸 일이 생겨 두스와 했던 약속을 미뤄야만 했습니다. 노트북을 켜고 몰입해 글을 쓰는 동안 두스는 제 방문 앞에 앉아 가만히 저를 응시하고 있었습니다.

'저러다 좀 있으면 일어나 다른 데로 가겠지.'

그러나 제 예상과는 달리 두스는 제가 글을 다 쓸 때까지 꼼짝도 않고 앉아 있었습니다. 마침내 노트북을 닫고 일어나자 따라서 일어나 꼬리를 흔들며 끈을 물고 왔습니다. 제 약속을 기억하고 있었던 것이지요.

"아, 맞다. 내가 나간다고 약속했었구나. 그래서 이제까지 기다렸단 말이야? 30분이 넘도록 꼼짝도 않고?"

순간 대견스러움과 안쓰러운 마음이 동시에 밀려오며 도저히 약속을 모른 체하며 그냥 넘어갈 수 없었습니다.

신난 두스를 데리고 산책을 하는데, 문득 이런 생각이 들었습니다.

'개 주인도 이런데, 하물며 하느님 아버지께서야…….'

"너희 가운데 아들이 빵을 청하는데 돌을 줄 사람이 어디 있겠느냐? 생선을 청하는데 뱀을 줄 사람이 어디 있겠느냐?

너희가 악해도 자녀들에게는 좋은 것을 줄 줄 알거든, 하늘에 계신 너희 아버지께서야 당신께 청하는 이들에게 좋은 것을 얼마나 더 많이 주시겠느냐?"(마태 7,9-11)

'아하! 어린아이 같은 마음으로 믿으란 말이 아마도 이런 것인가 보구나!'

그 갈구하는 순수한 갈망의 눈빛과 한 치의 흔들림 없는 믿음과 기다림……. 두스가 중간에 체념하고 일어나 가 버렸다면 저는 그날 두스를 데리고 나가지 않았을지도 모릅니다. 하지만 어린아이 같은 그런 온전한 믿음을 가질 수 있는 것은 쉬운 일은 아닙니다.

제가 믿음이 약해질 때마다 떠올리는 복음 구절이 있습니다. 바로 '가나안 여자의 믿음'(마태 15,21-28 참조)입니다. 마귀가 들린 딸을 살려 달라고 간청하는 여인에게 예수님께서는 아무 대답도 하지 않으십니다. 그러다 제자들의 말씀을 듣고 나서는 여인의 간청을 거절하십니다. 여인의 세 번째 애원에도 예수님께서는 "자녀들의 빵을 집어 강아지에게 던져 주는 것은 좋지 않다." 하시며 거절하십니다. 그러나 여인은 다시 말씀드립니다.

"주님, 그렇습니다. 그러나 강아지들도 주인의 상에서 떨어지는 부스러기는 먹습니다."

"여인아! 네 믿음이 참으로 크구나."

비로소 예수님께서는 탄복하시며 간청을 들어주십니다.

과연 그 여인과 같은 간절함과 용기를 가질 수 있는 사람이, 다른 사람도 아니고 주님의 앞에서, 주님께 거절을 당했는데도 계속 간구할 수 있는 그런 '믿음'과 '용기'를 가진 사람이 얼마나 있을까요……

2008년 3월 9일

거위의 꿈, 그리고 미운 오리 새끼

"그래요 난, 난 꿈이 있어요.
그 꿈을 믿어요, 나를 지켜봐요.
저 차갑게 서 있는 운명이란 벽 앞에
당당히 마주칠 수 있어요.
언젠가 나 그 벽을 넘어서
저 하늘을 높이 날을 수 있어요.
이 무거운 세상도 나를 묶을 순 없죠.
내 삶의 끝에서 나 웃을 그날을 함께해요."

가수 인순이의 〈거위의 꿈〉은 '의욕'과 '의지'가 고갈될 때 즐겨 듣는 노래로, 위에 적어 놓은 가사는 그 가운데서도 가장 감명 깊게 들은 부분입니다.

세상에는 리처드 바크의 소설 《갈매기의 꿈》의 주인공인 갈매기 조나단 리빙스턴처럼 타고난 운명과 주어진 환경에 만족하고 살아가기보다는 고생을 '사서' 하면서 '피곤하게(?) 사는' 그런 거위들이 꼭 있습니다.

그러나 우리는 그런 거위나 갈매기들 때문에 세상에 발전이 있고, 그들의 존재 자체가 희망의 증거가 됨을 문학 작품뿐만 아니라 삶을 통해서도 알고 있습니다. 그리고 남들과 다르기 때문에 그들이 숙명처럼 겪어야 하는 고뇌와 고통, 열정까지도 알고 있습니다.

'오르지 못할 나무는 쳐다보지도 마라.'라는 우리나라 속담과 달리 '저 차갑게 서 있는 운명이란 벽 앞에서'조차 비상을 꿈꾸는 한 마리의 거위는 우리나라 속담과 묘한 대비를 이루며 우리 입가에 미소를 띠게 합니다.

저는 아직 하느님을 잘 모르지만, 하느님은 저렇게 현실의 벽을 넘어 끊임없이 날고자 하는 거위들을 어여삐 여기시고,

기특하게 바라보시며, 날다가 떨어질 때, 즉 좌절할 때는 기꺼이 손을 내밀어 도와주시는 분이라고 확신합니다.

그래서 저는 일이 잘 풀리지 않아 고통스러울 때나 남들은 다 잘 되는데 저만 유독 뒤처지는 것 같은 느낌이 들어 힘이 들 때면 이런 생각을 합니다.

"하느님께 나는 스스로 '백조'임을 모르는 '미운 오리 새끼'가 아닐까? 장차 우아한 자태를 지닌 백조로 거듭날 텐데 그걸 깨닫지 못하고 지금 이 순간 다른 오리들과 다르다며 속상해하고, 초조해하고, 애태우며, 불평하는 그런……."

이런 우리의 모습을 안타깝게 보고 계실 하느님 아버지 앞에 우리 모두가 '거위의 꿈'을 지닌 '새끼 백조들'이라는 믿음은 제게 하느님의 크신 사랑과 더불어 마음의 평안과 의욕을 되찾아 주는 큰 힘입니다.

2008년 3월 16일

시련을 통해
가까이 오게 하시는 분

지난 해 생애 첫 피정을 갔습니다. 성심 수녀회에서 운영하는 예수 마음 배움터 2박 3일 피정이었습니다. 주말 동안 침묵을 하며 저를 돌아보는 시간을 갖고, 기도하는 법도 배웠습니다.

사실 우리는 이미 올바른 기도 법을 알고 있습니다. 예수님께서 잡히시기 직전에 겟세마니에서 하신 기도가 그것입니다.

"아버지, 아버지께서 원하시면 이 잔을 저에게서 거두어 주십시오. 그러나 제 뜻이 아니라 아버지의 뜻이 이루어지게 하십시오."(루카 22,42)

그러나 인간이기에 마음을, 욕심을 비우기란 쉽지 않습니다. 게다가 정말 간절할 때는 더더욱 그 기도가 잘 안 나오기도 하지요.

"찾아라, 너희가 얻을 것이다. 문을 두드려라, 너희에게 열릴 것이다."(마태 7,7; 루카 11,9) 하신 말씀이 더 와 닿기 마련입니다.

개별 면담 시간에 수녀님께 그런 고충을 털어놓았습니다. 수녀님은 뜻밖에 '기도는 그렇게 해야 한다'고 못 박지 않으셨습니다. 하느님은 아버지시기 때문에 무엇이든 다 들어주시고 받아 주신다며 있는 그대로의 심정을 하소연해도 된다는 것이었습니다. 그리고 기도를 안 하다가 무언가 바라는 것이 생겨 그 때만 기도할 마음이 들 때조차도 염치없다 하실까 봐 찔리고 민망해하지 않아도 된다고 하셨습니다. 두 아들의 비유(마태 21,28-32 참조)를 들어, 주님께서는 그때라도 찾아오는 것을 아예 안 오는 것보다 반가워하신다고 말씀하셨습니다. 그 이후 저는 하느님께 더 편하게, 더 가까이 다가갈 수 있었습니다.

견진성사를 받기 전, 신앙적으로 저를 이처럼 한 단계 성숙하도록 주님께서 이끄신 것은 다름 아닌 '시련'을 통해서였습니다. 지난해, 개인적으로 시련에 부딪힌 저는 마음의 위안을 얻고 주님께 더 의탁하고자 피정을 가게 되었습니다. 그 후 전례단에도 가입해 좋은 사람들을 만나고 신부님, 수녀님과도 가까워졌습니다. 청년 활동을 하니 성당 활동에도 주체적으로 참여하는 느낌이 들었고, 단순히 미사를 드리러 성당만 왔다 가는 게 아닌, 본당에 대한 주인 의식도 생겼습니다.

　지난 사순 시기 신부님 강론 가운데 '부활하려면 반드시 죽어야 한다는 것을 기억하라.' 하신 말씀이 있었습니다. '죽음'이란 말이 무섭게도 들렸지만 마음을 비우고 온전히 주님께 맡기게 될 때 비로소 그분의 진정한 뜻을 알 수 있다는 말로 받아들였습니다.
　'우리가 삶에서 한계라고 생각될 때 비로소 주님은 우리에게 새로운 시작을 하십니다.'
　부활도 그런 의미에서 주님의 계획이 시작됨을 뜻 하는 것은 아닐까요? 형언할 수 없는 섭리로……. 오늘 그렇게 부활의 의미를 되새겨 봅니다. 그리고 시련에 맞닥뜨릴 때마다 이를 통해 예비하시는 주님의 뜻은 무엇일지 곰곰이 생각해 봅니다.

2008년 3월 23일

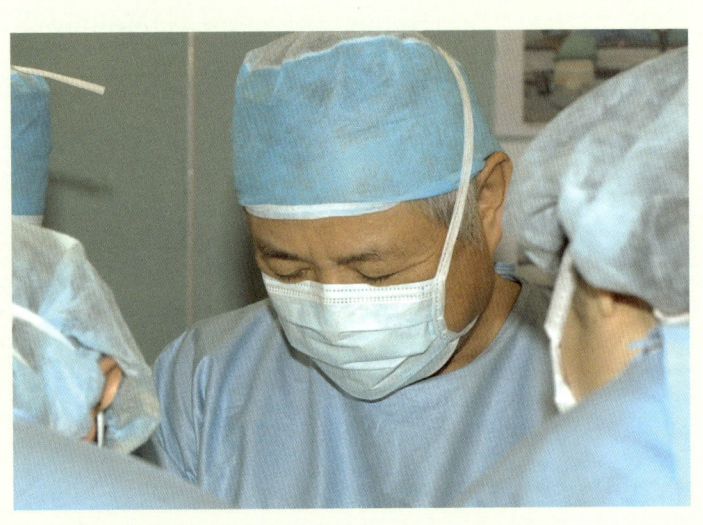

아버지를 위한 기도

저희 아버지는 장남이자 네 식구의 가장이십니다. 할아버지는 20년 전에 돌아가셨지만, 감사하게도 돌아가시기 얼마 전에 세례를 받으셨습니다. 그러나 아버지는 아직도 저희 가족 중에서 유일하게 세례를 받지 않으셨습니다. 성당에 같이 가자고 하면 언제나 "아빠는 아직 생각할 게 있다."라고 말씀하십니다. 아픈 사람들을 고치며 삶과 죽음의 경계에 선 사람들을 누구보다 가까이에서 보고 대하실 아버지가 하느님을 아직 못 느끼고 계신 게 안타까워 종종 권유해 드리지만 꿈쩍도 하지 않으십니다.

양영은 아녜스

저는 어린 시절 어머니의 손에 이끌려 성당에 갔고, 어머니가 만들어 주신 예쁜 옷을 입고 미사드리러 가는 재미와, 성가를 부르는 것이 좋아 꾸준히 다니기 시작했습니다.

그래서 사실 교리 지식 면에선 많이 부족하지만 그래도 어렸을 때 믿음을 갖게 돼서 그런지 마음으로 믿곤 합니다. 그렇게 아무것도 모르고 하느님을 믿게 된 저에게도 하느님은 그동안 수많은 은총과 선물을 주셨고, 언제나 든든한 의지가 되어 주셨습니다.

종교를 통해, 하느님을 통해 저는 제 자신과도 더 가까워졌고 스스로 더 당당해졌으며 삶에 대한 태도도 더욱 긍정적이고 겸허해질 수 있었습니다. 특히 힘든 일이 있을 때, 제 능력과 의지로는 도저히 해결할 수도 없고, 이해하기조차 어려운 상황에서도 온전히 믿고 맡기면 늘 지혜를 주시고 최선의 길로 이끌어 주셨습니다.

그리하여 제게 '나 자신은 소중하다.'라는 자신감을 되찾게 해 주셨고, 주변을 돌아볼 줄 아는 여유도 주시며 삶을 풍요롭게 해 주셨습니다.

그런 하느님 못지않게 제게는 세상에서 가장 든든하고 존경하는 분이 있는데, 바로 아버지입니다. 그런데 아버지가 가끔 혼자 고민하며 힘들어하고 외로워하시는 듯한 모습을 보게 됩니다. 내색하지는 않으시지만, 그 마음이 이심전심 느껴질 때가 있습니다.

그럴 때면 직접적으로 도움이 되어 드릴 수 없는 딸은 또 다른 아버지를 간절히 생각하게 됩니다. 한국의 남성으로 태어나 지금껏 살아오면서 힘들고 괴로운 일이 있어도 항상 혼자 마음으로만 삭히셨을 아버지……. 그런 아버지에게도 마음을 토로하고 편히 기댈 수 있는 또 한 분의 든든한 아버지가 생기길, 하느님 그분을 알게 되시기를 두 손 모아 소망해 봅니다.

"주님, 딸로서 아버지를 설득하는 것은 생각보다 쉽지 않습니다. 하지만 당신의 방식대로 행하시는 당신의 일은 결코 부족하지 않게 당신이 도와주신다고 들었습니다. 언젠가 제 아버지가 당신의 자녀가 되는 것 또한 당신이 계획하고 예비하신 일이라면 저희 아버지가 하루라도 먼저 당신을 알고 더 큰 아버지의 사랑을 느끼고, 은총 안에서 외롭지 않을 수 있도록 도와주십시오. 이 딸은 오늘도 기대하고 기도하며 기다립니다. 우리 주 그리스도를 통하여 비나이다. 아멘."

2008년 3월 30일

노영심 마리보나

생년월일: 1968년 2월 15일
직업: 피아니스트, 작사가, 작곡가
주요 활동: 명동 대성당 5월 문화 축제(2005~) 참여, 가요 〈희망사항〉(1989) 작사·작곡, 김수환 추기경 추모곡 〈고맙습니다〉, 드라마 〈연애시대〉(2006) OST, 라파엘 클리닉을 위한 음반 〈눈의 송가〉(2011) 등 발표

일 년 전 나는

조금 이른 크리스마스 편지 한 장을 띄웁니다. 12월의 시간들이 더 많이 가기 전에 말이죠.

해마다 이맘때면 한 번쯤 생각해 보게 됩니다. 일 년 전 이즈음의 나는 무엇을 하고 있었는지, 무슨 생각을 했는지, 작년이 현재라서 좋았던 지금의 이맘때…….

생각해 보니 그때 제가 가장 열심이었던 일은 다름 아닌 제 앨범을 파는 일이었어요. 그건 조금 특별한 앨범이었지요.

땅끝 마을에 있는 작고 아름다운 분교 하나. 공교육 안에서 참으로 옹골진 대안 학교의 모습을 한 그곳을 멀리서 마음속으로만 응원하다가, 제가 가장 잘하는 것으로 그곳에 도움이 될 무언가를 생각하게 되었죠. 제 음악이 아이들의 스쿨버스를 사는 데 도움이 될 수 있다면 얼마나 기쁘고 신이 날까 하여 만든 앨범의 제목이 〈사랑이 사람에게 말을 거네〉였어요. 자연과 마을 그리고 학교의 풍경을 음악으로 담아낸 피아노 모음곡집이었습니다.

학교에 기증한 앨범은 학부모들 손에서 손으로 나뉘어져 땅끝으로 퍼졌고, 부지런히 모금 판매를 해서 결국 6개월 만에 중고 버스를 하나 구입할 수 있게 되었어요. 중고지만 10년은 더 안심하고 탈 수 있도록 건강한 차를 골라 준 버스 회사도 저희와 한마음이었다고 생각해요. 이제 남은 일은 버스를 아이들 마음처럼 예쁘게 도색해서 스쿨버스로 만드는 일, 가장 설레는 일이었지요.

마지막 남은 앨범 200장이 마치 겨울에 꼭 필요한 연탄처럼 느껴졌어요.

일 년 전 손끝이 후끈 달아오를 때까지 피아노를 연주하며 열심히 앨범을 만들었던 제게 아이들이 스쿨버스 '서정 구름이'를 그려서 보내왔어요. 저에게 이 일은 선물이 되어 돌아온 크리스마스 나무 같은 이야기랍니다.

그리고 일 년 뒤 그때와 닮은 또 하나의 이야기가 저를 첫눈처럼 찾아왔어요.

그것은 세계 13번째 우주 센터가 있는 외나로도 아이들의 이야기로, 그 아이들이 처음 만나는 자전거와, 그를 통해 꾸는 꿈의 이야기를 음악으로 들려주는 일입니다.

버스와 자전거 그리고 우주……. 즐겁게 꿈꾸듯 다가오는 말들, 생각만으로도 기분이 좋아지지 않으세요?

거리에서는 애잔한 12월의 냄새가 납니다. 올해에 남은 단 하나의 잎사귀처럼 애틋한 시간의 향기일까요. 따뜻한 가슴으로 열었던 자선의 시간이 어딘가 모를 쓸쓸함으로 비워질 때, 제가 할 수 있는 일은 바로 이런 것…….

비록 작지만 구체적이기에 얼굴에 웃음이 떠오르게 하는 진실. 제게는 언제나 음악 같은 이야기입니다.

아직은 많은 시간이 남았습니다. 올해의 가장 행복하고 특별한 시간의 성찬이 바로 지금이니까요.

2009년 12월 13일

이해인 수녀님께 보내는 겨울 편지

겨울빛 짙은 노을이 체리차처럼 내려앉은 그리움의 시간 일곱 시 반······. 기도 중이신가요?

어제는 모처럼 시내로 나가 어딘지 모르게 바쁘고 들뜬 겨울 풍경 속을 걸어 보았습니다.

그런데 수녀님, 명동은 참 희한한 곳이에요. 무엇으로 인한 운집인지, 멀지 않은 목적을 향해 달려온 듯 가볍고 빠른 발걸음들. 저처럼 느리게 걷는 사람들은 찾아볼 수 없네요.

두리번두리번, 그냥 지나칠 수 없는 얘깃거리들을 이 편지에 다 열거해 놓는다면 금방 한 페이지가 채워질 거예요. 저의 이런 수다…… 좀 새로운가요?

제가 수녀원에 가면 늘 말이 없잖아요. '무슨 심각한 일이 생긴 건가?' 하고 눈치로만 보살펴 주셨던 적이 많으셨지요. 마음먹고 가는 피정도 아니지만, 수녀원에 가면 왠지 고요하게 침잠沈潛하고 싶어져요.

동경했던 수도자 생활을 일방적인 상상 속으로 가지고 들어와 잠시 그렇게 수녀님 곁에 있어 보고 싶었던 것 알고 계시잖아요.

차가운 겨울 광장에 모여 저마다 다른 마음의 시선으로 크리스마스 점등을 바라봅니다.

올해는 수녀님 생각이 많이 나네요. 지난주 어디엔가 실린 수녀님의 소식과 사진 속에 함께 있던 제 얼굴 때문인지 모두들 제게 수녀님 소식을 물어 옵니다. 때론 너무나도 안타까운 표정에 금방이라도 울 듯한 목소리로…….

얼마나 의지하고 사랑하기에 저런 물음의 얼굴들일까.

거기에 비해 저는 '그대를' 어떻게 사랑하고 무엇을 드렸는

가. 저의 독백뿐인 이 물음을 풀 수 있는 시간이 바로 지금인 걸 깨닫습니다.

전 그들에게 이렇게 전해 주고 싶어요.

"수녀님은 잘 계세요. 잘 드시고, 잘 주무시고, 규칙적으로 걸으시고 좋아하는 바닷가 산책도 빼놓지 않으시고 그리고 더 많이 편해지셨어요. 그러니까 아주 긴 피정 중이신 셈이에요. 그분의 시가 말해 줄 거예요."

그리고 저에겐 이런 다짐을 해 주었죠.

"수녀님을 사랑하듯 수녀님의 시를 더 많이 사랑해야지. 매일매일 기도로 읽는 시처럼 그렇게 사랑으로 다가가야지. 한 줄 한 줄 읽어 내려가다 보면 어느새 수녀님과 함께 즐겁고 기쁨이 넘치는 그 미래의 시간에 와 있을 테지. 보다 많은 얘길 들려 드리고 큰 웃음도 선사해야지."

사랑하는 수녀님, 12월은 마지막 날까지 공연이 있어요. 해를 넘어 새해에 찾아뵙겠네요. 어느새 들려오는 수녀원의 아침 소리가 기억의 공기 속을 희망차게 떠다닙니다. 소박하고 충만했던 아침 햇살 찬 수녀원의 식탁, 그 완벽한 아침을 기다립니다.

P. S. 언제나 함께 해 주셨던 〈오월의 피아노〉, 내년에도 명동 대성당에서 수녀님의 기도 시를 다시 들을 수 있을까요? 너무 이른 초대인가요?

2009년 12월 20일

꿈을 드립니다

기쁨의 축제, 기억의 잔치, 이제 막 지난 4주간의 대림 시기 안에서 또 설렘이 움터 옴을 느낍니다. 새해를 기다리는 평화로운 마음으로 모두를 위한 기도의 문을 활짝 열어 놓습니다.

어제 마친 크리스마스 공연에 이어 다시 그러한 설렘으로, 올해의 마지막 공연을 위해 리허설로 향하는 길입니다.

여기서 제가 연주할 마지막 곡은 〈고맙습니다〉라는 곡입니다. 김수환 추기경님을 위한 '메모리얼memorial', 기억을 위한 야상곡이라 할 수 있습니다.

잘 간직하고 계시죠? 그분의 모습, 그분의 뜻…….

저는 이 곡을 추기경님이 선종하신 그날 만들게 되었어요. 그간 한 번이라도 더 못 찾아뵈었던 회한과 그리움으로 밤새 피아노 앞에 앉아 있는데, 멜로디가 너무도 선명하게 말씀처럼 되어 다가왔죠. 그래서 이 곡을 연주할 때면 아직도 그 순간의 감정과 기운이 코끝에 와 닿는답니다. 음악을 통해 느꼈던 모든 감정이 고마움으로 전환되는 감동은, 음악성이 아닌 진정성에 있다고 믿게 되는 순간이죠.

이 곡의 마무리는 꿈을 통해 하게 되었어요. 사실 묵혀 둔 이 꿈 얘기를 하고 싶어서 가장 좋은 시간을 찾아왔는지 모르겠네요. 추도 기간 중에 추기경님을 꿈에서 뵌 이야기입니다. 눈을 감고 그려 보세요.

무언의 영상, 묵상의 이미지로 다가오는 이 꿈의 묘사는 어느 시골 농부의 헛간에서 이루어집니다. 바닥이 온통 짚들로 차곡히 쌓인 그곳은 누구에게나 낯익은 고향집 농가. 모든 일을 마치고 하늘로 돌아가는 새벽, 마지막을 잠시 여기서 머물다 가야 한다는 농부는 하늘까지 안내할 동반자로 막 잠드신 추기경님 곁을 지키며 같은 모습으로 누웠죠.

고요한 절차, 평화로운 머무름. 그 휴식의 시간은 어두운 겨울 새벽이 햇살처럼 느껴질 만큼의 밝은 은총이었습니다. 세 칸 남짓한 공간, 기둥 하나를 사이에 두고 그 모습을 지키는 제가 있었어요. 기둥 너머 저 옆자리로 가 있을 수 없을까, 나는 왜 저 농부처럼 더 가까이 가 앉을 순 없는 걸까 동동거리며 서성였지만 그것이 꿈속의 규칙이었던 것 같습니다.

이 꿈의 마지막 장면은 언제부터 있었는지 모를 분홍색 아기 돼지 한 마리와 함께 농부와 추기경님을 배웅하는 것이었습니다. 그 모습은 우리가 마지막으로 뵈었던 흰옷 그대로 담담하고 따뜻한 성자의 얼굴. 떠나신 기억보다 머무셨던 기억이 더 선명한 배웅의 길, 그 기쁨의 동선을 피아노 위에서 걸어 본 곡이 〈고맙습니다〉입니다.

굉장한 꿈이었죠? 한편으로는 명백한 '돼지꿈'이기도 하니까, 오늘 이 글을 읽는 모두에게 나눠 드려도 되지 않을까요?

올해도 감사했습니다. 이제 축제의 시간을 접고 새해를 위한 기다림에 기도를 올려놓습니다.

기도가 있는 기다림은 설렘이니까요.

2009년 12월 27일